U0134983

山寨版的上帝

金錢、性愛與權力的空洞承諾，
以及唯一至要的盼望

Counterfeit
Gods

The Empty Promises of Money,
Sex, and Power, and the Only
Hope that Matters

提摩太・凱勒
Timothy Keller

目錄

前言

偶像工廠

這世界的偶像比真實的事物還多

弗里德里希・尼采《偶像的黃昏》

詭異的愁思

繼二〇〇八年，年中所發生的全球金融風暴之後，就不斷聽聞一些財力豐厚且人脈廣泛之人相繼自殺的事件。先是聯邦住房貸款抵押公司的代理首席財政官員，在家中地下室自縊；爾後又有美國極

山寨版的上帝
Counterfeit Gods

為知名的房產廣告公司之一的首席執行長史登谷，在他的紅色積架跑車駕駛座上，對準自己腦門舉槍自殺；某位專為歐洲貴族與富豪家族理財投資的法籍理財經理人，因伯納德・麥道夫的龐茲騙局虧損了客戶的十四億美元之後，於麥迪遜大道的辦公室裡割腕自殺；匯豐銀行丹麥籍的資深執行長，在位於倫敦騎士橋名店街，一晚要價五百英鎊之套房內的衣櫥自縊身亡；當貝爾斯登金融公司某位執行長獲悉曾買下他倒閉的公司的摩根大通不願意聘任他時，在吞下大量藥物後，便從 29 層高的辦公大樓一躍而下。一位友人說道：「貝爾斯登的事……粉碎了他的心靈。」（註 1）這些駭人事件，不禁令人再次想起一九二九年股市大崩盤之後，所發生的連環自殺事件。

一八三〇年代，亞歷西斯・德・托克維爾（Alexis de Tocqueville）在他著名的美國民主觀察論述中提到：「在一片富裕豐饒之中……一股詭異的愁思不斷出沒在老百姓的心頭中。」（註 2）美國人深信富足會滿足他們對快樂的渴望，然而這

種期盼絲毫不切實際，因為托克維爾接著又說：「這世界不完全的快樂，永遠無法滿足人類的心。」（註3）這股詭異的愁思以許多不同的形態展現，卻總是走上相同的結局——帶出沒有尋獲所要之物的絕望。

悲傷和絕望有所不同，悲傷是一種痛苦，它可以有許多慰藉的方法。悲傷之所以產生是因為：失去了許多美好事物中的其中一項，因此，如果你面臨事業的低潮，你可以藉由家人身上得到安慰，來陪你度過難關。然而絕望卻是無法透過慰藉而被解決的，因為其源起於：喪失了某個終極至要的事物，人一旦連最基本的生存意義或盼望的源頭都失去時，還有什麼東西能夠替代它來安慰你呢？這會挫敗耗損你的心靈。

這股「詭異的愁思」究竟是從何而來？即便在一片蓬勃景象之中，它依然瀰漫於我們身處的社會之中，一旦繁榮消逝，愁思就變為徹底的絕望。托克維爾認為原因是人們把全部的人生都構築在這世界不完整的快樂之上，而這就是偶像的定義。

一個偶像充斥的文化

現代人類對於偶像這個字眼，通常會聯想到在遠古時期，人們對雕像的跪拜。新約聖經中的使徒行傳，對遠古的希臘羅馬世界文化有相當清楚的描述，每座城市都擁有它最鍾愛的神明，並且也有許多為了偶像崇拜而建造的神殿。當使徒保羅走進雅典時，這些神明的雕像無所不在（*使徒行傳 17：16*）。縱使雅典娜的巴森農神殿使其他神殿相形見絀，它們的雕像在各個廣場上依然隨處可見。舉凡：專司愛與美的愛芙羅黛蒂女神、戰神愛力士或是多產和豐足的亞緹米絲女神以及匠神希費斯特司，比比皆是。

基本上，現代社會其實也與這些遠古文化相去不遠，每個文化都是由各自的偶像在支配、操控著。它們各自有其「祭司」、圖騰和儀式，甚至也有它的神殿。無論是在：辦公大樓、溫泉會館、體育館、工作室或運動場，都可以成為為了避凶趨吉或是期望獲得美好生活的福氣，而獻上祭物之處；現今的美麗、權力、金錢和成就是什麼？不就是同樣的東

西嗎？它們在人心和社會裡，奪占了超然虛幻的位份。我們可能不會真的去向愛芙羅黛蒂雕像下拜，但是今天仍然有許多年輕女性因為過份在乎她們的身形體態，而罹患憂鬱症和飲食失調；我們或許不會向亞緹米絲舉香膜拜，但是當金錢和事業的重要性被無限擴大時，就會發生某種形式的嬰兒獻祭，換句話說就是不惜冷落家人和社交生活圈，只圖把事業做得更大、賺更多錢、有更好的地位。

　　前紐約州長史畢哲，因長期在某高級應召站嫖妓而自毀前程之後，時代週刊專欄作者大衛·布魯克（David Brooks）便提道：「我們的文化製造了一群成就非凡，卻有『階層與連結平衡失調』問題的人。」這些人擁有良好的垂直座向社交技巧，他們在良師與上司之間，不斷地擴展自己的地位，卻在水平座向上缺乏與配偶和親朋好友，建立真誠的關係。數不清的總統候選人們都在宣稱：「他們是為自己的家人而參選的！」即便他們其實是遠離家人，並且把人生都花在競選活動上。隨著歲月的流失，這才赫然發現一件令他們作嘔的事實——「一

切的顯赫都不為足夠，到頭來只剩下空虛寂寞。」
（註4）他們的配偶、兒女都與自己疏離了，於是他
們會去尋求慰藉以撫慰傷痛，也許是藉由發生婚外
情，或是其他極端的方式來治療內心的空虛。結果
往往導致家庭破裂或是醜聞纏身，亦或兩者皆是。

他們為成就之神，獻上了一切，卻仍然不足。
古時的那些神明不只嗜血，它們還難以取悅，而現
今的偶像們仍是如此。

心中的偶像

如果在過去網路迅速發展，房地產和股市大漲
的三十年之中，談論偶像崇拜的問題，實在很難令
人信服。然而，二〇〇八至二〇〇九年間的金融大
海嘯，卻顯露了現今所謂的「貪婪文化」。聖徒保
羅很久以前便寫道：「貪婪不僅是惡行，貪婪是拜
偶像。」（歌羅西書3:5）他指出金錢會呈現出某些神性，
於是我們和它的關係變得近似崇拜和降服。

金錢能成為一種靈裡的癮，而且就像所有癮頭

一樣，它會躲藏起來，不讓受害者發現問題真正的
嚴重性。我們若是為了想從渴望的事物上，獲得那
遞減的滿足，便會願意冒更大或是至高的風險，一
直到崩盤瓦解的時刻到來，而當我們甦醒恢復之時，
便會不禁自問：「我那時候到底在想什麼？怎麼會
如此盲目呢？」如同一個宿醉之後醒來的人一樣，
絲毫記不得前一晚所發生的事。為何如此？到底我
們為什麼會這樣失去理性而看不清真相呢？

聖經給我們的答案是：人類的心其實是一座「偶
像工廠」。（註5）

很多人認為「偶像」是那些有雕像形體，或是
被英國選秀之父西蒙·考威爾所欽點的下一位流行
歌星。其實，傳統的偶像崇拜至今仍然存在於世界
許多角落之中。人心裡內化的偶像崇拜是普遍的，
在以西結書十四章第三節中，神提到以色列的長老
們時，說：「這些人已將他們的假神接到心裡。」
那些長老在面對神的指責時，反應一定和我們一樣，
心裡想：「偶像？什麼偶像？我沒看到什麼偶像
啊？」但是其實神所要說的是：人的心，把美好的

事物都變為最終極至要的事物，例如：成功的事業、愛情、財產甚至家庭。我們的心之所以會把它們當成生命的重心，就是因為我們認為：只要擁有這些東西，它就會賦予我們重要性、安全感和成就感。（註6）

　　小說魔戒裡的故事情節，是以黑暗之王索隆的能力之戒為中心，無論誰想使用這枚戒指，不管動機是善或惡，都會讓那個人墮落。那枚戒指就是湯姆·席派（**Tom Shippey**）教授所說的「心靈擴音器」，它把人心最愛好的事物放大至偶像的地位。（註7）書中有些好人想要釋放奴隸、守護老百姓的土地，或是教訓那些壞蛋，這些都是好事，但是魔戒卻會把他們變成：為達目的不擇手段甚至不顧一切的人，它把美好的事物變成一種絕對性的東西，反而推翻了所有的忠誠或價值，戴魔戒的人變得越來越受制於它、對它成癮。所謂偶像即是：沒有它就活不下去，而我們非有它不可。因此它就會使我們違反自己曾經遵從的規定，因為它而去傷害別人甚至傷害自己，只為要得到它！偶像就是靈魂的癮，

會帶來可怕的邪惡，它不是只在托爾金的小說裡，
它也真實地存在於生活之中。

任何事物都能成為偶像

任何人文契機，例如我們現在所處的時刻，都
在提供我們機會。現在有許多人更能接受聖經對於
金錢的警告，因為金錢可以變得不只是金錢，它還
能成為一個改變人生、塑造文化，一個使它崇拜者
心碎的偶像。壞消息是，我們只顧著貪婪的問題，
而且認為這都是「那些有錢人」的問題，卻沒發現
最基本的真理──任何事物都能成為偶像，而且所
有事物都曾經是偶像。

世上最著名的道德法規，非聖經的十誡莫屬。
開宗明義第一條就說：「我是耶和華，你的神……
除了我以外，你不可有別的神。」（出埃及記 20：2-3）
於是我們自然會問：「別的神？那是什麼意思？」
答案立即出現：「不可為自己雕刻偶像，也不可做
什麼形象彷彿上天、下地，和地底下、水中的百物。

不可跪拜那些像，也不可事奉它……」（出埃及記 20：4-5）這包含了世上所有的事物！很多人知道金錢可以變成神明，知道性也能化身為神；事實上，生命中所有的東西都可能化為偶像，成為神的替代品———一個偽神。

最近，我聽到一則報導，描述某位野戰軍官嚴苛地要求部隊士兵要好好鍛鍊體能，卻因著過份嚴格的軍事紀律，使士兵們的鬥志全被消滅，導致戰役中的溝通全盤崩潰，最終以傷亡慘重收場。

我所認識的一位婦人，在成長階段中，幾度經歷貧窮，因此長大後，她對財務的安全感有著強烈的渴望，以致於她錯過了許多很好的婚姻對象，只為了要嫁給一位很有錢，卻非她心所愛的人。可想而知，這段婚姻並沒有維持多久，而且她仍然必須面臨她最害怕的經濟問題；有些大聯盟的棒球選手，所追求的似乎也不再只是把球打好而已，而是想擠進名人榜，所以選擇服用類固醇或是其他藥物。之所以會導出這樣的結局，全是因為它們不願接受只是「好」的狀態，而是渴望「最好」的境界。而這

些人心所渴望的事，最終都會化為烏有！他們的身體毀了、名譽也跟著受損，只是因為他們把所有的快樂都寄情在那些事物之中。以上的每一個例子，都是把美好事物中的其中一樣，看得非常重要，甚至到達終極至要的地步，一旦如此，對它投入的標準，很快就會凌駕於其他所有和它有所牴觸的價值體系之上。（註 8）但是，假神總是帶來破壞，並且讓人失望。

難道期望一支部隊有良好的紀律、渴望財務有所保障，或是夢想成為成就非凡的運動員等等，這些慾望都是錯誤的嗎？當然不是！但是這些故事卻恰巧指出，許多人對於聖經中提及偶像崇拜一事，存有錯誤的理解。我們錯誤以為偶像指的都是邪惡的事物，但是卻剛好相反，越美好的事物越有可能令我們期待，甚至想以它來滿足我們最深層的需要和期望，因此任何東西，尤其是生命中最美好的事物，都很有可能成為一個假神。

如何造神？

　　什麼是偶像？凡是對你的重要性已經超越神的；凡是比神還要吸引你的心、你的想像力的；凡是你想從它之中得到只有神能給予的。（註9）

　　所謂假神，就是在你生命佔據了中心、重要的地位，以致於你一旦失去它，就會覺得活下去沒有任何意義的人事物。偶像會在你的心中霸占操縱的位置，讓你會為了它，想都不想地費盡所有的熱情和精神、情感和財力。這可以是你的家庭和小孩或是事業和財務，也可能是成就、肯定和讚賞，或是想要保住面子與社會地位，當然更可能是一段愛情或者同儕的肯定、技能或是生活的保障、舒適的生活，美貌或是才智，或者一個偉大的政治、社會動機，個人的品行和美德，甚至是在基督徒事奉中的成就，而如果你人生的意義是建構在處理他人生命問題之上，有些人會把它稱為「相互依存」，但是那其實就是在拜偶像。偶像就是不管是什麼事物，它都會讓你打從心裡告訴自己：「只要有了那個東西，我的生命就會有意義，我會因此知道我生命的

價值，因此而覺得自己很重要，也就會有安全感。」
有很多的方式可以形容這樣的依附關係，但是，最
適合的詞彙就是「崇拜」。

　　古時候的異教徒幾乎會把每件事物都雕成神
像，而那絕對不僅僅只是他們的幻想而已。他們有
性慾之神、工作之神、戰神、財神、國神，只要是
在人內心或生命中，以神的地位來掌管他們的事物，
那就是神。例如，美貌原本是令人愉悅的，但是一
旦你把它「神化」，亦即把它變成一個人或是變成
文化中最重要的東西，這時候就會產生「愛芙羅黛
蒂女神」，它就不再只是美貌。你會看到人們甚至
整個文化，經常為了外貌而煩惱，過度地花費時間
和金錢去追求美貌，愚昧地以外貌來評斷一個人的
品格。如果有任何事物取代了神，成為你的快樂、
你的生命意義和身份的根本源頭，那個東西就已經
成了你的偶像。

　　聖經中對於偶像崇拜的概念其實非常細膩且複
雜，它融合了知性、心理、社會、文化和屬靈的類
型。有些是個人的偶像，例如；浪漫的愛情、家庭，

或是金錢權勢和成就,渴望進入特定的社交圈,別人在情感上對你的依附,亦或是健康、體態和外貌。許多人會把這些東西當成他們生命的希望、意義與滿足,但其實只有神才能夠給予並滿足這一切。

另外也有文化偶像,例如:軍事武力、高科技的發展以及繁榮的經濟。而在傳統社會中的偶像,則是包括家庭、認真工作、責任感和美德。在西方社會中則是個人的自由、自我實現、個人的富裕和成就。在一個社會裡,這些美好的事物確實被過度地放大,它們會向我們保證,只要把它們當成生活的根基,我們就必然會得到保障、平安和快樂。

另外,也有所謂知性的偶像,通常稱作意識形態。例如,在十九世紀末至廿世紀初,歐洲思想家們普遍都認同盧梭(法國思想家)對人性本善的看法,認為所有的社會問題都是因為缺乏教育和社會化,然而,第二次世界大戰卻讓這樣的幻覺破滅,貝特麗絲‧韋伯(Beatrice Webb)多數人公認為英國現代福利制度的締造者,曾寫道:

「記不得是否是在 1890,我曾經在日記裡如

此寫著：『我曾把一切都押在人性本善這個賭注上……』而三十五年後的今天，我終於明白，邪惡的衝動和本性其實自古以來就存在於人的內在，要想改變它，無非是白費力氣，在社會這個大機構裡，財富和權力的吸引力，從未有過任何的變化，除非我們能夠抑制那些不好的衝動，否則就是有再多的知識或科學都是無益。」（註10）

H.G. 威爾斯（H.G. Wells）在他 1920 年所出版的《世界史綱》（Outline of History）一書中，也極力讚賞信仰在人類歷史中的重要性。而到了一九三三年，因為駭於歐洲國家的自私與殘暴，威爾斯在《未來互聯網紓》（The Shape of Things to Come）中，把唯一僅存的希望寄望在知識份子應該要把握機會，實施一個強調和平、正義和公平的義務教育。到了一九四五年，他又在《黔驢計窮》（A Mind at the End of Its Tether）中寫道：「現代人類（這是他最喜歡的自定稱號）……已經玩完了。」為什麼威爾斯和韋伯會這麼想呢？那是因為他們把一個不完整的真理，變成一個唯一且全備的

真理，將它視為一切事物的前因後果和解決之道。「把一切都押注」在人性本善上，其實就是以它來取代了神的位置。

在每個職場中也有偶像，例如那些不能妥協的絕對價值觀等等，在企業界裡，為了終極至要的價值利益，就必須壓抑自我的表達；但是在藝術界，卻恰好相反，個人會願意犧牲一切，只求表達出自己的想法，而且多數是以贖罪的名義。人們也大多認為這是人類最需要的，這說明了偶像真的無所不在。

愛、信任和順從

聖經用三個基本的隱喻來形容人們和他們心中偶像的關係。他們愛那些偶像、信任它們，而且百依百順。（註11）

有時候聖經會用婚姻來暗喻偶像，神應當是我們真正的配偶，但是當我們對其他事物的渴望和喜悅勝過對神，我們就犯了屬靈的淫亂。（註12）當愛

情或成就，承諾我們可以感覺到被愛、受到重視，
它們就成了「假情人」。偶像會占據我們的想像力，
只要檢視我們的白日夢就能發現：我們最喜歡想像
什麼東西呢？什麼是我們最愛的夢想呢？我們希望
偶像可以愛我們，賦予我們自我價值、美麗、意義
和重要性。

聖經也常用宗教隱喻來談論偶像，神應該是我
們真正的救主，但是我們總是想從個人的成就或是
財務上的豐盛，來取得我們所需要的平安和保障。
（註13）偶像會主控一切，只要從我們所做的惡夢中，
就能發現它們的存在。我們最怕什麼？什麼東西是
如果失去了，我們就會覺得活不下去的？為了取悅、
撫慰我們的偶像，我們會願意有所犧牲，因為相信
它們會保護我們，我們想從偶像身上得到一種自信
和安全感。

聖經也用政治來比喻偶像。神應當是我們唯一
的主人，我們卻轉而事奉我們所鍾愛和信靠的。任
何東西只要變得比神更重要、更無法妥協，它就成
為奴役我們的偶像。（註14）透過這個思考模式來審

視我們最頑固或不能讓步的情感，就能找出偶像。什麼事情會讓我們失控地發怒、擔憂或沮喪？什麼事情會以擺脫不掉的罪惡感持續折磨我們？偶像會控制我們，因為我們覺得一定要擁有它們，否則生命就沒有任何意義。

「無論控制我們的事物是什麼，它就是我們的主人。追求權力的人，受控於權力；追求接納的人，受控於他們想要討好的人。我們並沒有控制著自己的生命，我們是被生命的主人們控制著。」（註15）

許多人所說的「心理問題」，簡而言之就是偶像問題，完美主義、工作狂、習慣性的優柔寡斷、想要控制別人生命的需求等等，這些全都是把美好事物變為偶像的例子，當我們試圖去討好這些偶像，它們就會一步一步把我們逼到無路可退，偶像正在支配我們的生命。

咒語破除的機會

前面談到悲傷和絕望之間有很大的差異，因

為絕望是一種無法承受的痛。很多時候，這兩者的不同就在於偶像。一位韓國商人因為投資而損失了三億七千萬美元，結果選擇自殺。他的妻子對警察說：「自從股市跌到一千點以下，他就不吃不睡，連續幾天狂飲醉酒，最後結束了他的生命。」（註16）在 2008 至 2009 年的金融風暴期間，我聽過一位名叫比爾的弟兄，敍說他是如何在金融海嘯前三年信主的過程，從原先最大的安全感來源——金錢，轉為信靠與神在基督裡的關係。（註17）他說：「如果這個金融風暴是發生在我信主之前，我真的會不知道該如何去面對這個難關，也不會知道要怎麼走下去，然而我今天卻可以誠實地說，從來沒有一個階段，比我現在的人生更快樂。」

雖然我們以為自己只是活在一個世俗的世界，但是偶像和這個時代閃耀奪目的神祇們，仍然在我們心目中，它們掌握著我們內心信託的所有權。然而，隨著全球經濟的動盪不安，我們長年所崇拜的許多偶像已經隨之倒下，這是一個莫大的機會，我們正在短暫經歷「破除咒語」的時刻。在古老的故

事裡，這通常是指惡魔所下的咒語已經解除，代表逃走的機會已經來到。通常當某個大企業、個人夢想、或是我們所寄予盼望的一個人，無法實現我們以為可以兌現的承諾時，這種時刻就會出現在個人的身上，但是卻鮮少發生在整個社會之中。

想要脫離絕望繼續往前行的方法，無非就是去察覺我們內心和文化中的偶像，但是光是這麼做還不夠，想要得到釋放，脫離具毀滅性的假神影響，唯一可走的一條路就是回到真神面前，這位真神就是在西乃山和十字架上彰顯過自己的神，祂才是唯一的主。但是只要你找到祂，祂必定能讓你得到真正的滿足；然而，如果你辜負了祂，祂也能夠確實地赦免你。

註解

1. 這些自殺事件皆發生於二〇〇八年五月至二〇〇九年四月期間。所有事件已被匯編整理在此網站 http://copycateffect.blogspot.com/2009/04/recess-x.html。

2. Alexis de Tocqueville，*Democracy in America*《論美國的民主》，董果良譯（商務印書館，1991），被引用在 Andrew Delbanco, *The Real American Dream : A Meditation on Hope*《真正的美國夢：希望的沈思》（暫譯）（Cambridge, Mass.: Harvard University Press, 1999), p. 3。

3. 同上。

4. 2008 年 3 月 14 日出刊紐約時報，大衛·布魯克（David Brooks）所寫 "The Rank-Link Imbalance"「階層與連結平衡失調」（暫譯）。

5. 偶像崇拜一詞於過去五十年間，再度成為心理學和社會文化學學術領域的主要研究範疇。首先是費爾巴哈、馬克思、和尼采在極盛時期，使用「偶像崇拜」來批評宗教和基督教，聲稱教會已經按其利益自行創造神的形象。請參考 Merold Westphal, *Suspicion and Faith: The Religious Uses of Modern Atheism*《懷疑與信仰：現代無神論的宗教用途》（暫譯）（The Bronx: Fordham, 1999）。

此番論述遭忽視多年後，經名猶太哲學家 Moshe Halbertal 與 Avishai Margalit 在 *Idolatry*《偶像崇拜》（暫譯）（Cambridge, Mass.: Harvard University Press, 1992）一書中平反，才終於受到學術界突破性的正視，近年甚至針對這個主題，發起一波學術研究風潮。例如：

Stephen C. Barton, ed. Idolatry: *False Worship in the Bible, Early Judaism, and Christianity* 《偶像崇拜 聖經、早期的猶太教、和基督教的假崇拜》（暫譯）（London and New York: T and T Clark, 2007）

G. K. Beale, *We become What We Worship: A Biblical Theology of Idolatry* 《我們成了自己供奉的偶像：偶像崇拜的聖經神學》（暫譯）（Downers Grove, Ill.: InterVarsity Press, 2008）

Edward P. Meadors, *Idolatry and the Hardening of the Heart: A Study in Biblical Theology* 《偶像崇拜與心靈剛硬：一項聖經神學研究》（暫譯）（London and New York: T and T Clark, 2006）

Brian S. Rosner, *Greed as Idolatry : The Origin and Meaning of a Pauline Metaphor*《『貪婪』偶像：保羅比喻的原意》（暫譯）（Grand Rapids, Mich.: Eerdmans, 2007）

6. 聖經中的偶像崇拜必然包括對以色列真神以外之其他神明的儀式和崇拜。所指的是向偶像跪拜，或「親吻手」，亦或向其他宗教與邦國的神明獻祭（出埃及記 20：3、23：13；約伯記 31：26-28；詩篇 44：20-21）。凡如此行的人都會失去神的救恩。（約拿書 2：8）。

然而，聖經也清楚指出，偶像崇拜不僅侷限於向假神偶像跪拜。即便沒有外在的形式，單就靈魂和內心的層面而論也是一種偶像崇拜（以西結書 14：3）。

換言之，是以受造之物取代神在人心中的地位，成為生命的中心。例如，先知哈巴谷論到巴比倫人時說：「他以自己的勢力為神」（哈

巴谷書 1：11），以自己的武力為神，並向其「獻祭……燒香」（哈
巴谷書 1：16）

在以西結書第十六章和耶利米書第二、三章裡，先知們譴責以色
列人拜偶像的原因是因為他們與埃及和亞述簽訂保護協定。為求
達成協定，以色列必須付出極高的稅賦並同意政治上的從屬關係，
才能換得軍事上的保護。先知們認為此番協定是偶像崇拜，因為
以色列要仰賴埃及和亞述給予他們保護，但事實是唯有神才能保
護他們（詳見 Halbertal 與 Margalit 所著 *Idolatry*《偶像崇拜》
（暫譯）第五、六頁）。

當掃羅王沒有順服神，聽從神透過撒母耳所說的話，而以一種帝
國勢力為做事之道，並制定政策時，先知撒母耳便告誡他，對神傲
慢悖逆就是偶像崇拜（撒母耳記上 15：23）。根據聖經，偶像崇
拜便是期望從自己的智慧與能力或從其他受造物獲得力量、肯定、
慰藉和保障，但這些只有神才能給予。

關於新教（基督徒）所闡述的偶像崇拜，有一相當經典的講章是出
自清教徒 David Clarkson（大衛·克拉克森）"Soul Idolatry
Excludes Men Out of Heaven" 「屬靈偶像使人與神隔絕，
卷二」（暫譯）（Edinburgh: James Nichols, 1864, vol. 2）。

Clarkson 區分「外在的」偶像崇拜，為對一個實體之物的有形跪
拜，而「內在的」偶像崇拜，是一種魂裡的行為。

「當心思被一個物質所佔據，內心和情感專注於此時，這便是一
種魂的敬拜；而這應該是……唯有主才該得的尊崇，無論是我們
的心思或意念，在一切努力追求的事物上，神都應該是第一，並擁
有至高的地位」（詳見其講章第 300 頁）。

7. Tom Shippey, *J. R. R. Tolkien: Author of the Century*《J. R.
R. 托爾金：世紀作家》（暫譯）（New York: Houghton Mif-
flin, 2000），p. 36。

8. 引言出自於 Moshe Halbertal and Avishai Margalit 權威之作, *Idolatry*《偶像崇拜》(暫譯)(Cambridge, Mass.: Harvard University Press, 1992), pp. 245-246。

作者在結尾處,為偶像崇拜的特質做了以下的總結:「賦予某個人、事、物終極價值的這番行為本身,未必意味著形而上的屬性,而是整個生命對該事物或人的完全投入以及終極的委身。許多事物都可以被賦予絕對性的價值⋯⋯在此種延伸性的敬拜下,宗教態度不單單被視為是一種形而上的表現,亦或只是一種禮俗儀式,而是一種完全的獻身,一種把某事物神化的態度。任何事物之所以得以被絕對化,乃是因為它能夠同時駕馭、操控一個人。它的地位足以超越其他一切的競爭對手。一個不具有完全價值之物卻被視之為絕對之物,並且佔據獻身者的生命、成為中心主導,這便是偶像崇拜 。」

9. 引言出自於 Thomas C. Oden, *Two Worlds: Notes on the Death of Modernity in America and Russia*《兩個世界:美國與俄羅斯現代主義之死》(暫譯)(Downers Grove, Ill.: InterVarsity Press, 1992), p. 95

「當一個有限的價值⋯⋯成為核心價值,成為其他價值體系的對照值⋯⋯並且被昇高至中心地位,被視為是最終意義來源之際,猶太人和基督徒所定義的神祇便就此產生⋯⋯被崇拜之神必須是無比完美良好才足以成為某個價值體系的中心點⋯⋯人之所以有偶像,乃是因為視崇拜、熱愛的有限價值之事物為必要的,並且認為一旦失去它人生便會因此而了無生趣。」

10. Margaret I. Cole, ed. *Beatrice Webb's Diaries, 1924-1932*《貝特麗絲・韋伯的日記:1924-1932》(暫譯)(London: Longmans, Green, and Co., 1956), p. 65。

11. 就聖經的詮釋和解讀歷史的角度而言,Brian Rosner 是將把這三種偶像崇拜模式論述最清楚之人。尤其是 Brian S. Rosner,

Greed as Idolatry : The Origin and Meaning of a Pauline Metaphor《『貪婪』偶像：保羅比喻的原意》（暫譯）（Grand Rapids, Mich.: Eerdmans, 2007），pp. 43-46。

他的分析多半以 Moshe Halbertal and Avishai Margalit, *Idolatry*《偶像崇拜》（暫譯）（Cambridge, Mass.: Harvard University Press, 1992）一書為理論根基。其他多數有關偶像崇拜的書籍，多以這三種模式中的其中之一為主。

12. 根據耶利米書 2：1 至 4：4；以西結書 16：1-63；何西阿書 1-4；以賽亞書 54：5-8、62：5 等聖經經文所指：偶像崇拜是對身為我們真實配偶的神，犯下的不忠的淫亂罪。

   亦可參考 Moshe Halbertal and Avishai Margalit, *Idolatry*《偶像崇拜》（暫譯）（Cambridge, Mass.: Harvard University Press, 1992）。

13. 據聖經經文所指，偶像崇拜乃是一種自我救贖，並且拒絕我們真實的救主。經文亦記載著神如此問祂的百姓：「你為自己做的神在哪裡呢？你遭遇患難的時候，叫他們起來拯救你吧！」（耶利米書 2：28）。

   亦可參考士師記 10：13-14；以賽亞書 45：20；申命記 32：37-38 等經文，撒母耳記上 15：23 提到傲慢自滿也是一種偶像崇拜。

14. 根據撒母耳記上 8：6-8、12：12；士師記 8：23 等聖經經文所提，偶像崇拜乃是屬靈上不忠、背叛我們的真君王。羅馬書 1：25-26 如此教導我們，凡所崇拜，並且以其為生命中心的事物，必定將成為我們所「事奉」且順從的（25 節）。26 節接著說，這意味著人心會落入一種無法自我控制的轄制裡，並且過度放縱慾望。新約聖經中一旦提及需要改變自己時，其他經文也會提到偶像崇拜是如何奴役人的慾望（希臘文 epithumia）。

   請參考加拉太書 5：16；以弗所書 2：3、4：22；彼得前書 2：11、4：

2；約翰一書 2：16；雅各書 1：14。

亦可參考 Moshe Halbertal and Avishai Margalit, *Idolatry* 《偶像崇拜》（暫譯）（Cambridge, Mass.: Harvard University Press, 1992）之第八章 "Idolatry and Political Authority"「偶像崇拜與政治權力」（暫譯）。

15. Rebecca Pippert 著，譚天佑、趙嘉欣譯 《走進世界——生活就是佈道》（FES，2006）。

16. 自殺事件相關資料，詳見 http://copycateffect.blogspot.com/2009/04recess-x.html。

17. 本書中所舉例的人物皆為化名。

第一章

❧

畢生所求

所能發生之最糟糕的事

多數人用盡畢生心力，努力追求他們心中最愛的夢想。人生難道不就是為了「追求幸福」嗎？我們汲汲營營地尋找各種方式，甚至願意做出許多的犧牲，無非就是為了實現理想，然而我們卻從未想

過，當我們內心最大的渴望被滿足之際，或許它也就因此變成了最糟糕的事。

我和內人曾經認識一位名叫安娜的單身女子，她極度地想要擁有自己的小孩。終於，她結婚了，而且出乎醫生的預料，她在高齡之際，產下了兩個健康的孩子，然而她的夢想並沒有因此而成真，因為她難以抑制那股想要給孩子們完美人生的慾望，導致她根本無法享受擁有孩子的樂趣。她的過度保護、恐懼憂慮以及她對孩子生活瑣事的控制慾，都讓全家痛苦不堪。安娜的老大，表現極差並且有嚴重的情緒問題，老二則是充滿了憤怒。安娜想要給孩子們美好生活的慾望，很可能就是毀掉他們的主因，她雖然得到了內心最渴望的東西，但是到頭來，這卻可能是她人生中遇到最糟糕的事。

一九八〇年末，莘希雅·黑莫爾（Cynthia Heimel）曾寫道：「一個人在成為名人的那一刻起，也相對地變成了一個怪物。」莘希雅提及三名在他們未成名之時，她就已經認識的好萊塢大明星，她說：「未成名之前，他們都非常的和藹可親……現

在他們卻成了自視極高的物種，他們的狂怒叫人不
敢領教。」隨後她也指出，在盛名之累下，許多原
有性格的缺陷和缺點，都會被加倍地放大。（註18）
你或許會想問那三位大明星到底是誰，但是其實你
不需要知道，因為在現今的報紙新聞中，不乏這類
的人物，即便人名不同，生活的模式卻從未改變過。

偶像崇拜的必然性

為何實現內心最嚮往的渴望，到頭來卻是惡夢
一場？使徒保羅在羅馬書寫道，上帝允許人遇見最
糟糕的一件事，莫非就是「神任憑他們逞著心裡的
情慾，行污穢的事。」（*羅馬書1：24*）。為什麼讓一
個人最渴望的夢想成真，反倒是最嚴厲的懲罰呢？
那是因為我們內心早已把這些渴望，塑造成了偶像。
在同一章裡，保羅將人類歷史總結成一句話：「……
他們敬拜事奉受造之物，不敬奉那造物的主」（*羅馬
書1：25*）。每一個人都需要為某個事物活著，那個事
物必須擄獲我們的想像力，並且贏得我們內心最深

的效忠和期盼；但是聖經也告訴我們，如果沒有聖靈的介入，我們內心所渴求的那個事或物，永遠都不會是神。

但若是我們把受造之物當成生命中所寄託的，期望從中得到只有上帝能賜予的意義、盼望和幸福，那麼非但我們無法使內心最深的渴求得到滿足，最終甚至會為此而心碎，就如同之前所提到的安娜，她毀了孩子的原因並非是因為她「愛得太多」，而是在他們的關係中「愛神愛的太少。」結果，她的期望壓碎了她的「孩子偶像」。

兩名諳悉聖經的猶太哲學家做出如此結論：「整本聖經的中心原則就是——摒棄偶像崇拜。」（註19）所以，聖經中記載著許多故事，用來描繪數不清的偶像崇拜形式以及它們獨具的毀滅性。聖經也用發人省思的篇章，來表述人心中所選擇的每一種假神——舉凡愛情、金錢、成就或是權力，在聖經裡都有強而有力的描述去細算著，偶像如何在我們生活中作怪。

亞伯拉罕是聖經的中心人物之一。就像古時候

大多數的男人一樣，他渴望能有個兒子來繼承家業、
延續家族薪火，對亞伯拉罕而言，那個渴望已經成
為他內心最大的夢想，最終，他在瀕臨絕望之際喜
獲麟兒，然而當他得到這一生最想要的夢想時，神
卻要他放棄這一切。

亞伯拉罕的呼召

聖經記載，神來到亞伯拉罕面前，給他一個難
以置信的應許，只要他能忠心地順服，神就會透過
他和他的後裔，賜福給全地的列國萬邦。而為了要
實現這個應許，亞伯拉罕必須「走」出去：「你要
離開本地、本族、父家，往我所要指示你的地去。」
（創世記12:1）神呼召亞伯拉罕離開一切他熟悉的事物，
離開他的親朋好友，這意味著他必須摒棄自己曾經
仰賴的富足和一切帶給他平安的事物，走入曠野，
甚至不知終點是何處；為了神的緣故，他被要求要
放棄一切，放下幾乎是眾人在這世上渴慕擁有、所
求的一切事物。

　　但是，他做到了！他蒙召「走出去」，邁開腳步去了：「出去的時候，還不知往哪裡去。」 *（希伯來書 11：8）*。

　　然而，神雖然要求他放棄其他希望，卻同時也給了他一個新的期望。預言提到，地上的萬國將會因他的家族：「你的後裔」 *（創世記 12：7）* 而蒙福，這意味著他將有子嗣，但是實際上，亞伯拉罕的妻子撒拉，一直無法懷孕。就生理上而言，生小孩這件事對他們來說似乎是天方夜譚，然而神卻應許亞伯拉罕會有一個兒子。

　　數年的等候，變成數十年，神的應許變得越來越難以相信，最後，當亞伯拉罕已年滿百歲，撒拉也年過九十 *（創世記 17：17，21：5）* 之後，他們終於生了以撒。這顯然是出自於神的手，因此以撒名字的意思是「大笑」，這作為他父母喜樂的明證，也表明他們曾經信心軟弱，難以相信神所應許的承諾。

　　任何有不孕問題的夫妻一定能瞭解這種長年的等待，是多麼苦不堪言。近乎永無止盡的延遲，熬煉著亞伯拉罕的信心，然而這段經歷卻又是如此至

關重要。而長年的不孕也帶出了另一個問題，再也沒有人像亞伯拉罕那樣地渴慕小孩，為了得到這個兒子，他曾經放棄一切，在兒子出生的那一刻，他感受到，他的街坊鄰居終於知道他不是一個因為相信神的話，而放棄一切的傻瓜。他終於有了繼承人，是一個長得像他的兒子，那是所有中東的先祖們畢生所想要的，他等待並且付出代價，終於，他的妻子生了一個嬰孩，而且是個男娃兒。

不過，現在要問的是，他一切的等待和犧牲，究竟是為了神還是為了他的兒子？難道神只是他達到目的的一個手段嗎？亞伯拉罕究竟是向誰獻上了自己的心？亞伯拉罕是否如同其他真正信靠神，不倚靠環境、大眾輿論或自己能力的人一樣，擁有平安、謙卑、膽量和堅定不移的態度？他真的學會了單單信靠神、單單愛神，而不是為了能從神那裡得到東西的功課嗎？不，還沒有。

亞伯拉罕的第二次呼召

　　我們的朋友——那位想要有小孩的女子安娜，當她懷孕時，她也認為從今以後就能過著「幸福快樂的日子」。但令人難過的是，結果非但如此，甚至相去甚遠。許多夫妻總是期待著生小孩，認為只要有小孩，就能解決所有的問題，但是最後大多數都大失所望。讀者們從創世記第十二章讀到第二十一章時，可能會認為以撒的出生，應該就是亞伯拉罕人生的最高峰，也是他人生的最後一章：他的信心贏得勝利，現在，他可以開心地回天家，因為他完成了神給他的呼召——離開家鄉，等候一個兒子的出生。但是，出乎我們意料，亞伯拉罕又從神那裡聽到了第二次的呼召，而這個呼召，著實令人震驚！

　　「你帶著你的兒子，就是你獨生的兒子，你所愛的以撒，往摩利亞地去，在我所要指示的山上，把他獻為燔祭。」 創世記 22：2

　　這個呼召是最終的考驗，對亞伯拉罕來說，現
在以撒是他的全世界，因為神的呼召說得很明白。
神沒有用「以撒」來稱呼，而是說「你的兒子、你
的獨生子、你所愛的。」亞伯拉罕的疼愛已經變成
了偶像。以前，亞伯拉罕生存的意義，全在於神的
話語，現在卻全繫在以撒的愛和他的幸福之上，他
的生活重心顯然已經轉移。神不是說，你不能去愛
你的兒子，而是你不可以讓你所愛的變成一個假神。
任何人只要把他的孩子，放在真神的位置上，就會
產生一種對偶像崇拜的愛意，那會讓孩子透不過氣，
也會扼殺了親子之間的關係。

令人震驚的命令

　　也許我們可以理解，多年來有許多讀者對這個
故事所抱持的異議，他們把這個故事的「道德觀」
解讀成：只要你相信這是神的旨意，即便這件事情
是殘酷、暴力的行為都為可行。針對這一點，沒有
人比索倫・齊克果（Soren Kierkegaard）的論述
更為清楚，他的著作《恐懼與戰慄》（Fear and

Trembling）就是以亞伯拉罕和以撒的故事為主軸，最終，齊克果說：信心是不合理且荒謬的——亞伯拉罕認為神的命令完全不合理，而且和神說過的每件事都相互矛盾，但是，他依然順從那個命令。

但是，這個命令對亞伯拉罕來說，真的如此不合理嗎？齊克果對這個故事的解讀，並沒有考慮到長子在猶太的思想和象徵上所具有的特殊意義。任教於哈佛大學的猶太學者強恩·列文森（Jon Levenson），曾寫了《暫譯：愛子之死亡與復活》（The Death and Resurrection of the Beloved Son）。他在書中提到，古時候的文化並不像現在的個人本位主義，人們的希望與夢想，絕對不會只是為了自己的成功、富足或是聲望，因為每個人都是家中的一份子，也沒有人會離開家而獨立生活，所以，一切都是為了整個家族而追求的。我們也千萬不要忘記當時有關長子繼承權的律法，長子會繼承大部份的家產，好讓整個家族不會失去它在社會上所保有的地位。（註20）

但是在我們今日強調個人本位主義的社會裡，

一個人的自我定位與價值，多半取決於他的才幹和
成就，但是在古時候，一個男人和他全家的希望，
全放在長子的身上。（註21）放棄長子的命令，就好
比是叫一個外科手術醫生，放棄他的雙手，或是叫
一個視覺藝術家，不再使用他的雙眼。

　　列文森指出，我們唯有從這種文化做逆向思
考，才能明白神對亞伯拉罕的命令。聖經不斷指出，
因為以色列民的罪惡，因此一切頭生的都不屬於他
們，雖然他們可以藉由定期的獻祭贖回（*出埃及記 22：
29，34：20*），或是透過在會幕的利未人中間的事奉（*民
數記 3：40-41*），或者對會幕和祭司們獻上贖價（*民數記 3：
46-48*）。但是當神為了埃及奴役以色列民，而降下審
判時，祂最終的懲罰就是取走所有頭生的性命，他
們喪失一切頭生的，是因為家庭和國家所犯下的罪
行，因為長子就是家族；所以神也告訴以色列民，
長子的生命全屬於祂，除非被贖回。換句話說，祂
用了再清楚不過的方式說明，在當時文化中，全地
的各個家族都欠了永恆正義一筆罪債。

　　這些背景是解讀神之所以給亞伯拉罕指令的重

要關鍵，假若亞伯拉罕聽到的聲音是說：「起來，殺了撒拉！」他可能永遠都不會這麼做，他應該會認為那是幻覺，因為神絕對不會要他做出與祂定義為正義和公義自相矛盾的事。但是，當神提出要取他獨生愛子的性命時，對亞伯拉罕而言，這般的要求「並沒有」絲毫的不合理或是衝突；請注意，神並沒有叫他走到以撒的帳篷裡，然後把他殺了。神乃是要他將以撒獻為燔祭，祂的要求是為了贖罪，因為他的兒子要為家族的罪而死。

走向山中

儘管神的命令是可以理解的，卻不意味著內心的恐懼就會因此而減少。亞伯拉罕面臨的最終問題是：「神是聖潔的，因著我們的罪，我們獻上以撒的生命，但是祂也是滿有恩典的神，也曾說過要透過以撒，賜福給全地；聖潔又公義的神，該如何同時滿有恩典地成就他所應許的救贖呢？」亞伯拉罕雖然沒有答案，卻還是選擇走進山裡，他的行動和

舊約的另一個人物——約伯一樣,約伯曾無緣無故
地遭受無數次患難,然而他卻依然對耶和華說:「然
而祂知道我所行的路,祂試煉我之後,我必如精
金。」(約伯記 23：10)(註 22)

　　亞伯拉罕究竟如何順服神的呼召,讓自己起身
走往山間?這個經典的希伯來故事,給了我們許多
吊人胃口的暗示。他對他的僕人說:「『我們』就
回到你們這裡來。」(創世記 22：5)。他不可能知道
神到底要如何,也並非自信滿滿地誇口說:「我『可
以』做到。」他乃是邊走邊告訴自己:「神會做⋯⋯
但是我不知道祂會怎麼做。」神會做什麼?神會以
某種方式除去頭生的罪債,並且成就祂滿有恩典的
應許。

　　亞伯拉罕並非只是「盲目的相信」。他沒有說:
「根本是瘋了,這是謀殺,但是我還是得做。」他
反而說:「我知道神『既聖潔又有恩典』,我雖然
不明白祂要如何兩者兼顧,但是我相信祂一定能做
到。」如果他不相信自己對一位聖潔的神負有罪債,
他一定會氣到不上山,但若是他也不相信神是一位

恩典的神，他又必然會心碎、絕望到上不了山，他很可能選擇乾脆躺在地上等死。之所以能讓他一步一步地走向山頭，全因為他知道神既聖潔又有慈愛。

亞伯拉罕和他的兒子終於到達獻祭的地方了。

> 「他們到了神所指示的地方，亞伯拉罕在那裡築壇，把柴擺好，綑綁他的兒子以撒，放在壇的柴上。亞伯拉罕就伸手拿刀，要殺他的兒子。」 創世記 22：9-10

但是就在此時，神從天上呼叫他：「亞伯拉罕！亞伯拉罕！」

他從一個危急的景況回答：「我在這裡。」

「你不可在這童子身上下手……現在我知道你是敬畏神的了：因為你沒有將你的兒子，就是你獨生的兒子，留下不給我。」（創世記 22：12）就在那時，亞伯拉罕看到一頭公羊，兩角扣在稠密的小樹中，亞伯拉罕解開以撒的繩子，用公羊代替他的兒子獻祭。

世界上好之物的危險性

這整起事件到底要表達什麼？要說的有兩件
事：第一件事，亞伯拉罕可能已經相當清楚，然而
對於第二件，他可能就似懂非懂了。

亞伯拉罕可以明白，這個考驗是關於對神至高
無上的愛，到了最後神對他說：「現在我知道你是
敬畏神的了。」聖經所指的並不是對神的「懼怕」，
乃是對神全心全意的委身。例如，在詩篇 130 篇第
4 節中，我們看見「對神的敬畏」會因經歷神的恩
典和赦免而加增。作者所描述的，是面對神的偉大
所感受到的慈愛、喜樂的敬畏和驚歎。主耶和華說：
「現在我知道你愛我，勝過愛世上任何事物。」意
義等同「敬畏神」。

但是，這也不代表神只是想測試亞伯拉罕是否
愛祂，因為這位全知的神知道每個人心裡的景況，
神反倒是要把亞伯拉罕丟進火爐裡，煉淨他對神的
愛，以求達到「純如精金」。所以，也就不難理解
為何以撒會成為神所使用的工具，倘若神沒有從中

介入，難保亞伯拉罕不會愛兒子勝過世上一切，到那日，這絕對會成為偶像崇拜。而所有的偶像都具備一件事，那就是帶著毀滅性。

從這個角度來看，我們發現神對亞伯拉罕那極為殘忍的對待，其實是憐憫。以撒對亞伯拉罕來說是個美好的禮物，但是，除非亞伯拉罕願意把神放在第一位，否則，以撒就不會是個安全的禮物，要是亞伯拉罕永遠不需要在他的兒子和對神的順服之間做出選擇，他就不會親眼看見，他的愛已經漸漸地變為偶像崇拜；同樣的，等到我們面臨是該誠實正直以對，還是冒險維護自己的工作升遷之際，我們才可能從中發現，職業似乎已經變成了我們的偶像，如果我們不願意為了遵守神的旨意而錯失前程，那麼無疑地，工作已經成為假神。

再說回先前提到的安娜，她又要如何回應神對亞伯拉罕的要求呢？心理諮商師會要求她不要再去強迫孩子們參加非屬於他們擅長的活動項目，當孩子成績未達理想時，也必須停止情緒化的處罰，讓孩子有犯錯失敗的空間，雖然這些都是對的，但安

娜仍然必須面對一個最根本的問題，她要能夠從心裡說出：「我渴望孩子們只許成功和必須成為快樂的小孩，這個想法是自私的，這完全是因為我需要藉此證明自我的價值；如果我真的認識神的愛，我就能接受不是那麼完美的孩子，也不會給予過度的壓力，如果對我來說，神的愛比孩子們的愛更為重要，我就可以更無私真誠地去愛我的孩子。」安娜必須把她的「以撒們」獻在祭壇上，然後一生以神為她的中心。

她對孩子們的過度掌控，不僅僅是不願意給神一個在她的生命中應有的地位，對孩子們她也是如此。安娜無法相信神對她孩子們的計畫，會比她自己的計畫更有智慧，她認為自己已經勾勒出一個不失敗也沒有失望的完美人生。雖然神對我們的規劃也是一路顛簸的旅程，但相比之下，安娜的計畫更是有許多缺失。通常，人生一帆風順的人對別人會比較少有同理心，他們不太認識自己的缺點和侷限，也無法承受艱難，對人生也容易有不真實的期待。因此，在新約聖經中的希伯來書告訴我們：凡神所

愛的人都會經歷艱難。 *（希伯來書 12：1-8）*

對安娜的自我形象而言，孩子們的成功和愛，比神的榮耀和愛更為重要。雖然她理性上相信神，但她心中最大的滿足卻是孩子口中的一句：「喔！媽媽，如果沒有您，我將會一無所成。」但是可悲的是，她可能永遠都聽不到她最想聽到的話，因為她過度想要得到孩子們的認同，而把她的摯愛們都推向了遠處。安娜必須願意先把神放到首位，把孩子們交給神，給予他們失敗的空間，並且在神的愛和旨意裡得到平安，她需要跟隨亞伯拉罕一起走到山上。

亞伯拉罕因為有了那個經歷，其後對以撒的愛才變得恰當且有智慧。如果以撒成了亞伯拉罕生命中最主要的盼望和喜樂，那麼他一定會過分管教他（因為他要他的兒子變得「完美」），或是變成不去管教（因為他無法忍受兒子不開心），也可能兩種狀況都有，他可能會溺愛兒子，但是當兒子讓他大失所望的時候，他就大發脾氣，變得惡毒甚至暴力。為什麼會這樣呢？因為偶像會奴役人。以撒的

愛和成就，可能會變成亞伯拉罕唯一的身份和喜樂，所以只要以撒稍稍不聽話、不愛他，他可能就會毫無節制地發脾氣、焦慮與沮喪。想當然爾，以撒必定達不到父親的要求，因為沒有一個孩子可以承受得住那種神格的分量，亞伯拉罕的期待可能會讓他離開家，性格變得扭曲，導致他的心靈損毀。

亞伯拉罕那段痛徹心扉的山路之行，其實是神將他從一個平凡人變成歷史偉人之旅。今天世界上三大一神論宗教分別為：猶太教、伊斯蘭教和基督教，它們皆稱亞伯拉罕為始祖，超過一半以上的人類都把他當成屬靈之父，如果神當初沒有對付亞伯拉罕心中的偶像，那麼這一切，都將不存在。

替代品

這個著名的事件，同時也關乎一件亞伯拉罕看不見的事情，或者至少在當時可能看得不太清楚。為何最終被犧牲的不是以撒呢？一位聖潔又正義的神怎會忽略掉其實亞伯拉罕和他家人的罪依舊存

在？公羊成了代替的牲祭，那麼難道是豢養的血除掉了頭生的罪債嗎？其實不然。

而是在許多年以後，在同樣的那些山頭上（註23），有另一個長子被掛在木頭上而死。只是，在各各他山上，當神的愛子呼喊著說：「我的神，我的神啊，為什麼離棄我？」時，這次卻沒有從天上發出拯救的宣告，相反的，父神在沈默中付出了代價。為什麼？因為真正替代亞伯拉罕兒子的，是神的獨生子耶穌，祂為背負我們的懲罰而死。「因基督也曾一次為罪受苦，就是義的代替不義的，為要引我們到神面前。」（彼得前書3：18）保羅明白以撒故事的真正含意，所以他對耶穌用非常謹慎的字句寫著：「神既不愛惜自己的兒子，為我們眾人捨了，豈不也把萬物和他一同白白地賜給我們嗎？」（羅馬書8：32）

此處提供了一個實際之道，讓我們可以去解決為靈裡帶來不安全的「偶像以撒」。我們需要把它們全然獻上，要找出一個方法，不讓自己對它們緊抓不放，不被它們操縱奴役。光是用口抽象地形容

神的偉大，是無法處理偶像崇拜的問題的，我們必須知道並且確信神非常愛我們、珍惜我們、喜悅我們，以至於我們的心能在祂裡面得著安息、找到意義和保障，並且可以面對生命中的任何狀況。

但是，該怎麼做？

神看到亞伯拉罕的獻祭便說：「現在我知道你愛我，因為你沒有把你唯一的兒子留下不給我。」而當我們看著「祂」在十字架上所擺的祭物時，我們是否更能夠對神說：「現在，『我們』知道祢愛『我們』。因為祢沒有把祢的兒子，獨生的兒子，祢所愛的，留下不給我們。」一旦我們感受到神的作為，我們最後便能在祂裡面得著安息，並且不會以其他事物代替從神而來的平安。

耶穌獨自為整個故事賦予了意義，神既要維持「正義」（要我們償還我們的罪債）「又」要當個救贖者（註24）（提供救贖和恩典），唯一方法就是在多年以後，由另一位父親帶著祂的長子，走上另一座叫各各他的「山」，為了我們所有人的緣故，而將祂獻上為祭。我們永遠無法藉著努力，讓自己

變成和亞伯拉罕一樣，在神裡面既偉大又平安，而且勇敢，我們唯有藉著相信這位救主——也就是這整起事件的主角，才能成就此事。而這一切都是因為耶穌為我們道成肉身，為我們受死，你和我才能擁有這一位——有無限慈愛又聖潔的父神，並且可以完全確信：祂愛你也愛我。

走向山上的那段路

許多的失望和煩惱都令我們困擾，但是再仔細想想，就會發現那些最叫人痛苦的事物都和我們心中的「以撒」有關。在生活中，我們總會對一些東西有所投入，在這些事物上期待得到只有神才能給予的歡愉和滿足，但是我們生命中最傷痛的時刻，起因都是我們的以撒、我們的偶像受到威脅或是被奪走。當這種情況出現時，通常會有兩種反應：一是我們選擇苦毒或是感到絕望，覺得自己有權在那些感覺裡打滾，心想：「我這一生費盡心力，好不容易在工作上爬到這個位置，現在全沒了！」或是

「我這一輩子做牛做馬,無非就是為了讓那個女孩有好日子過,難道這就是她報答我的方式嗎?」我們可能會認為自己有權說謊、欺騙、報復,或是拋開個人的原則,只為了發洩情緒,也可能會因此一直持續地停留在沮喪裡。

或者,你也可以效法亞伯拉罕,邁開步伐走向山上,你可以說:「我知道祢要我的人生不要再去倚靠那些我曾賴以存活的東西。有了祢,我就擁有我最需要的財富、健康、愛、尊榮和保障,並且不會失去它們。」許多人已經學會了這個功課,並且去教導別人。除非我們只剩下耶穌,否則我們不會明白,唯有耶穌才是我們所需要的。

當我們把這些假神「降級」至真神以下,也許它們大部份仍會留在我們的生命中,但卻再也無法控制我們,或是利用焦慮、驕傲、憤怒和鞭策來使我們感到痛苦。然而,我們也絕不能誤以為這個故事的意思是:只要我們「單單願意」離開我們的偶像就好,並不需要真正地俪棄它們。試想,如果亞伯拉罕走到山上時心裡想著:「我只要把以撒放在

祭壇上就好，不用真的把他獻上。」他將無法通過考驗！除非它真的不再是我們的偶像，否則它留在我們生命裡就不會安全。唯有我們真的願意失去它，並且從內心真實地宣告：「因為我有了神，所以沒有你，我也能活下去。」從那一刻起，這個偶像才是真的消失。

有時候，神看似要殺了我們，但其實祂是在拯救我們。在故事裡，祂的目的是要將亞伯拉罕變成一個偉人，只是神的表面看似極其殘酷，對一些人而言，在如此的狀況下跟隨神，根本是「盲目的信心」，但那實際上卻是既強大又充滿感恩的信心。聖經中記載了許多人物的故事，例如：約瑟、摩西和大衛。在這些故事當中，我們常常以為神已經離棄了他們，但是到最終我們才會發現，神其實是在對付他們生命中致命的偶像，也唯有透過這般艱難的經歷，才能真正發現解決之道。

如同亞伯拉罕一樣，耶穌對神的呼召也有極大的掙扎，在客西馬尼園裡，祂問父神，是否有別的方法可以代替？而最後祂仍然順服地走向各各他山

上的十字架。也許我們不能完全理解，為什麼我們
的父會容許那些壞事臨到我們，但是就如耶穌所作
的，我們卻可以選擇在那些艱難的時刻裡信靠祂。
當我們仰望祂，並且因祂為我們所作而喜樂時，我
們就會擁有所需要的喜樂和盼望，並能脫離假神得
到自由，使我們即便在最黑暗和最艱困的時候，都
能跟隨神的呼召。

註解

18. Cynthia Heimel, *If You Can't Live Without Me, Why Aren't You Dead Yet?* 《若沒有我你不能活，那為何你還沒死去？》（暫譯）（New York: Grove Press, 2002), p, 13。此句引言最早出現於 *The Village Voice* 《鄉音》一書中。

19. Halbertal and Margalit, *Idolatry* 《偶像崇拜》（暫譯），p.10。

20. 以實馬利雖為長子，卻非亞伯拉罕元配所生，而是出自元配的女僕。撒拉若沒有生下以撒，亞伯拉罕的後裔便是以實馬利。

21. Jon Levenson, *The Death and Resurrection of the Beloved Son: The Transformation of Child Sacrifice in Judaism and Christianity* 《愛子之死亡與復活：兒童獻祭在猶太教與基督教的轉化》（暫譯）（New Haven: Yale University Press,1995）。

22. 欲詳讀此段所述有關約伯記 23：10 的描寫方式，可參考 Francis I. Anderson, Job: *An Introduction and Commentary* 《約伯：前言與評註》（暫譯）（Downers Grove, Ill: Inter-Varsity Press,1976），p.230。

23. 請參考歷代志下 3：1。

「摩利亞」一詞用來形容環繞耶路撒冷的眾山群脈。耶穌基督就是喪命在其中一座山上。

24. 羅馬書 3：26。

第二章

你最需要的不是愛

尋找愛

亙古至今，有許多的歌曲和故事都在歌頌人類
對真愛的渴望，然而這種情況在現今的文化裡，已
被放大到一種駭人的程度。歌舞劇院裡唱著許多快
活的情歌，但是有些歌曲卻也透露出這個現代的黑

暗面。例如歌劇《夥伴們》中的一首歌〔活著〕，內容是在描述一名男子愛上一個女人，口中唱著：「她是如此需要我……如此瞭解我……如此令我吃驚，卻又令我陷入痛苦深淵。」然而他卻依舊堅信，只有愛情才能成為「支撐我活下去的力量，讓我活著。」他必須從一段耗盡心力的兩性關係中，進到另外一段，因為那是唯一能讓他覺得自己活著的方式。在〔迷惑〕這首歌裡，那個女人承認她所愛上的男人是一個蠢夫，一定會讓她失望，但是，她卻說：「我又再次瘋狂、再次著迷、再次像個又哭又笑的小孩。」歌者們過度倚賴戀愛，瘋狂到即便知道它是錯誤的，但若是失去了某種形式的浪漫關係，他們就會覺得生命沒有了意義。

在我早期的牧養服事裡，認識了一位名叫莎麗的女子，她的不幸就是她的美麗。早在孩童時期，她已明白自己吸引人的美麗外貌，非常具有利用價值。剛開始，她只是利用美貌操縱人，但是卻沒料到自己最後反被操控——除非有男人愛上她，否則她就會覺得自己軟弱無力，覺得自己像個隱形人，

她也無法忍受孤單，結果，她淪落到甘願和有虐待行為的人在一起。

為什麼她要忍受那樣的對待？因為她變成想從男人身上得到只有神才能給的極度肯定，最後，她成了愛的奴隸。今天，我們有時候會聽見人家說：「我的老闆是個奴役主」，但是那只不過是一種隨口而出的比喻，有些老闆確實會讓你覺得工作起來很困難，但是真正的奴役主是完全沒有底限的！他們會對你任意妄為、揍你、強暴你，甚至殺了你。相同的，當一件美好的事物，對你的要求已經開始超越適當的界線時，它就成了一個假神。把工作變成偶像的意思是：不停地工作，直到你賠上健康，或是為了升遷而不惜冒然違法；把愛情變成偶像所指的可能是：你允許你的情人剝削你、虐待你、甚至讓自己盲目到無法看見關係中的病態。對偶像的依附之情會讓你不遵守所有的承諾、為所有不明智的行為找出理由，或是出賣對其他事物的忠誠，只求能夠抓住它。它可能會驅使你違反所有良好並且適當的界線，從開始崇拜偶像那一刻起，你就成了

奴隸。

聖經中有一個故事，足以說明如何從愛的追求變成一種奴役。創世記第二十九章中的雅各和利亞就是最佳寫照，這個故事雖然發生在亙古以前，但是，在現今這個時代來閱讀，卻是再恰當不過了。自古以來，把浪漫情愛和婚姻變成假神一類的事，不斷地發生，而我們現今所處的文化更容易叫人把情愛當做神，以致內心被它襲捲，讓我們把所有的快樂和盼望都寄情於它。

彌賽亞的應許

我們在前一章裡讀到：神來找亞伯拉罕，並且應許要透過他的家族、他的後裔來救贖全世界。因此，每一個世代都會有人被揀選以延續血脈，領導這個家族與神同行，並且將信心交棒給下一代，之後也會有另一個孩子接棒，一個接著一個，直等到亞伯拉罕血脈中的彌賽亞到來的那一日。

亞伯拉罕是以撒的父親。多年以後，以撒的妻

子利百加，生了一對雙胞胎，神透過預言說：「將
來大的要服事小的。」（創世記 25：23）這意味著雙胞
胎中的第二胎，已經被揀選為承襲彌賽亞血脈族譜
之人，但是以撒卻不顧預言，把心思完全放在老大
以掃身上，相較於老二雅各，他明顯地偏愛老大。
這與當年神呼召亞伯拉罕獻上獨生子，以期挽救亞
伯拉罕免於鑄下大錯之事一模一樣，這悲劇性的錯
誤同出一轍，並且諷刺意味十足。以撒的偏心，使
得以掃變得自傲、驕寵、任性且衝動，雅各則是憤
世嫉俗並且充滿苦毒。

當以撒年紀老邁，到了祝福家族首領之時，他
無視於神的預言，一心打算將祝福給予以掃，然而
雅各卻佯裝成哥哥的模樣，走到幾乎失明的父親面
前，從毫無防備的以撒口中得到了祝福。以掃一聽
到這個消息，便發誓要殺了雅各，而雅各為了活命，
則不得不逃到曠野。

雅各的人生毀於一旦，他不僅失去了家人和遺
產，並在父母有生之年，再也見不到他們。他前往
新月沃土的另一邊，在那裡住著許多他母親和祖父

的親戚，他只能盼望投靠那裡的親族，存活度日。

雅各的渴望

雅各投靠他母親的家族，親人便收留了他。他的舅舅拉班雇用他看守部份的牲畜，拉班後來發現雅各具有良好的經營管理才幹，於是給了他一個管理的職務，拉班問他說：「我讓你照管我的羊群，請你告訴我，你要什麼作為工價？」 雅各的回答只有兩個字：拉結。

> 「拉班有兩個女兒，大的名叫利亞，小的名叫拉結。利亞的眼睛沒有神氣，拉結卻生得美貌俊秀。雅各愛拉結，就說：我願為你小女兒拉結服事你七年。拉班說：我把她給你，勝似給別人，你與我同住吧！雅各就為拉結服事了七年；他因為深愛拉結，就看這七年如同幾天。」 創世記 29：16-20

希伯來原文確實形容拉結有姣好的身材，而且長得如花似玉，雅各不僅僅只是「為之著迷」。根據柏克萊大學希伯來文學的偉大學者羅柏·歐特

（Robert Alter）指出，原文中有多處暗示雅各是如何因拉結而神魂顛倒，並且患了嚴重的相思病。（註25）雅各為了她付出七年的工價，若把它換算成當時的幣值，其已然是相當大的一筆聘金。然而「他因為深愛拉結，就這七年如同幾天（20 節）。」後來，雅各對拉班說：「日期已經滿了，求你把我的妻子給我，我好與她同房（21 節）。」歐特解釋這一句希伯來文，在古時那種保守且矜持的世代下，這段言談真的是異常地大膽、寫實，並且充滿十足的性暗示。就像是即便在今日這個年代，一名男子對一位父親說：「我等不及與你的女兒上床，現在請馬上把她交給我！」藉此，聖經的作者要我們明白，一個男人對一個女人的情感和性是如何地渴望，並且到達一種全然被征服的地步。

雅各為什麼對拉結如此神魂顛倒呢？雅各的人生相當空虛。他從來沒有享受過父親的愛，還失去了所愛之母親的疼愛，而他也不一定懂得什麼是神的愛和關懷，然而就在此時，一名美貌驚天的女子竟出現在他面前，想必他應該曾自言自語地說：「我

如果能得到她，那麼我悲慘的人生終究能夠否極泰來；我如果能擁有她，一切的問題都會迎刃而解。」他把內心引頸期盼的意義與肯定，寄情於拉結身上了。

雅各在當時實屬異類，文化歷史學者告訴我們，在古代，沒有人會為了愛情而結婚，大都是為了社會地位而進入婚姻。不過，換成在現在這個時代，一切就再正常不過了。因《拒斥死亡》一書，而獲得普立茲獎的爾尼斯·貝克（Ernest Becker）說：世俗人們對於對神失去信心這件事，有截然不同的處理方式。既然我們認為我們的存在純屬偶然，完全不具任何目的，那麼我們又要如何為人生注入另一種意義呢？主要的方式之一即是貝克所稱的「毀滅殆盡之愛」。我們希望從愛情裡，得到神才能給予的超越感和意義。對於現代的世俗人，他寫道：

「他同樣需要英雄詩的感覺，需要知道他的生命在大千世界之間至關重要……他仍然不得不懷著信任和感激之情融入某種更高的、自我專注的意

義……如果現代人沒有了上帝，他又要如何去完成
這一融合呢？蘭克看到，現代人首先面臨的是「浪
漫主意的解答」……人把自身的普遍英雄主義的衝
動，固定在作為愛之對象的另一個人身上。在這種
情況下，人在情侶身上尋找自己最深刻的天性，所
需要的自我讚美。情侶變成了神聖的理想，人在其
中實現自己的生命。所有的精神和道德需要，現
在都集中到一個人身上……一句話，愛的對象就是
上帝……（註 26）獲得上帝青睞的偉大宗教共同體
的世界觀，已經死去時，人就會去尋找一位「你」
（thou）……總而言之，我們把情侶上升為上帝，
到底想要達到什麼呢？只有一個目的，那就是贖
罪！」（註 27）

這正是雅各所做的，如同貝克所指出，這也
是在現代社會中，數百萬人正在做的。我們社會的
流行音樂和藝術一直在呼喚我們，要我們繼續這麼
做，把我們內心最深處的需求，那種追求生命意義
和超然的感覺，全都傾注到浪漫的情愛裡。流行歌
曲如此寫著：「除非有人愛你，否則你根本算不了

什麼」，而整個文化也就這麼照單全收，我們抱著
一個幻想——只要能找到那個真正的靈魂伴侶，所
有的問題就能迎刃而解。無奈的是，一旦我們的期
待和希望被錯誤放大到那種程度，貝克說：沒有一
個情人也沒有一個人類，有資格當「愛的對象是神」
的那個角色，沒有人能夠達到那個標準。因此，無
法避免的結局就是：理想殘酷的破滅。

愛的力量

　　有人說貝克的文化分析已經過於陳腐。現今，
我們活在一個「勾搭文化」裡，在這種文化下的年
輕人已經把性視為一種普通、隨性且自由的行為，
不再視它為承諾，不管男人或是女人，越來越少人
想要約會或是認真交往。又因為對性別平等的關注，
女性開始說：「我們和男人一樣，也有權力盡情享
受我們的性生活。」同儕來的壓力日益加增，所有
人都只追求性經驗，不想投入太多情感。（註28）我
們現今的文化正在轉離那「毀滅殆盡之愛」，一旦

我們克服了那個甩不開的貞操主義，性似乎就不再
是嚴重的問題。

但是，別那麼肯定。

羅拉・思緹普（Laura Sessions Stepp）在
她的書中《暫譯：脫勾》（Unhooked）中，發現
有許多年輕女子在「勾搭」之後很不滿足，但是她
們卻不願意向她們的姊妹淘承認。我們的文化極度
強調外貌和性的美麗，營造出一種假象，認為性行
為沒什麼大不了。一九四〇年代，魯益師（C. S.
Lewis）在英國社會科學院，聽到許多同儕們說：
性就像一種慾望，像是食慾一樣，沒什麼大不了，
他們說，一旦認清楚這一點，並且開始隨時「做我
們愛做的事」，人們就不會被愛和性的渴望搞得發
瘋。魯益師對此說有所質疑，於是就提出一個思想
實驗：

「現在，假設你來到一個國家，走進一座戲院，
手裡捧著一個覆蓋了的盤子登上舞台，居然可以吸
引一戲院的人來觀看。而你就在燈光關掉前，將盤
子上的蓋揭開，讓大家都見到裡面盛的東西，可能

是一塊羊排，或者一塊火腿，你會不會覺得，這個國家的人的食慾出了問題呢？……對，要是一個國家出現滿屋人搶著觀看一盤羊排的事，那個國家很可能正鬧饑荒。」（註29）

然而，魯益師接著指出，但我們並不是對性飢渴，因為與過去相比「性」在現今社會中是更加垂手可得。色情刊物如今是具有一兆美元的產業。但是性和愛情絕非像食慾一樣，它並非「只是一種慾望」，它對我們的意義更甚於此。生物進化學家說：這早已深植在我們大腦中；基督徒們說：我們對浪漫情愛的本能，是因為我們具有神的形象（*創世記 1：27-29；以弗所書 5：25-31*），也或許兩者皆是。

無論如何，愛情對人類的內心和想像力，都是一個具有無比能力的物體，因此它可能會過度支配我們的人生，就算是對出於苦毒或恐懼，而完全避開愛情的人來說，他仍然是被愛情的力量控制著。我曾經認識一名男子，他說他被女人傷透了心，所以現在他只要那種不需要承諾的性關係就夠了，他自誇地說，這樣他就不會再被愛情操縱。我的回答

是：如果你對愛情懼怕，怕到你不能擁有它，是被
它操縱著，那其實就跟「你非要有它不可」是一樣
的情況——不想或不願意擁有愛情的人，會避開那
些可能成為美好伴侶的人；而非要有愛情不可的人，
則會選擇那些毫不適合或是有虐待行為的人。如果
你過度懼怕愛情「或」過度迷戀愛情，那麼它就是
已經在你生命中，擁有如神一般的力量，足以扭曲
你的認知和你的人生。

圈套

　　雅各內在的空虛，讓他難以抵擋愛情的偶像。
當他答應為拉結工作七年，那幾乎是等同於平常聘
金的四倍，而無恥的拉班看見他得了相思病，便決
定要好好利用他的這個弱點。於是當雅各問起，他
能不能娶拉結時，拉班刻意給了含糊其詞的回應，
他從來沒說：「當然，那是我們說好的。」而是說：
「我把她給你，勝似給別人。」（創世記 29：19）雅
各一心想要聽到的答覆是「好」，所以他就認為，

他所聽見的，就是自己心裡所想的。但那其實不是
「好」，拉班只是說：「我認為，讓你娶拉結是個
不錯的主意。」

　　七年過去了，雅各來找拉班，並說：「現在把
我的妻子給我吧。」確實按著習俗，舉辦了一場熱
鬧的婚宴，就在一片慶祝聲中，拉班把雅各戴著厚
重面紗的妻子，帶到他面前，已經喝得半醉的雅各，
擁著他的新娘與她行房，但是「到了早晨，雅各一
看是利亞！」（創世記 29：25）光天化日之下，雅各看
見他在前一晚完婚的女人竟是利亞——拉結那個毫
無魅力的姐姐！氣到發抖的雅各，跑去找拉班質問：
「你對我做了什麼？」拉班冷靜地回答雅各，認為
他應該知道當地的習俗是姐姐要先出嫁，才能輪到
妹妹。他繼續說，如果雅各同意再工作七年，他很
願意把拉結當成是這個交易的一部份。於是雅各中
了圈套，成了砧上肉，但是為了要娶到拉結，他同
意再做七年的工。（註30）

偶像崇拜的蹂躪

　　或許我們會想，雅各怎麼那麼容易上當，但是
雅各的行為就像一個沈迷的人。愛情可以透過不同
的方法，就像藥物一樣，幫助我們逃脫人生的現實。
莎莉——那個陷入傷害性關係中的美麗女子，有一
次她對我說：「男人是我的酒精，我只有在男人的
懷中，才能面對人生，對自己滿意。」另一個例子
則是：一個年紀稍長的男人，為了一個比他年輕許
多的女人而拋棄了他的妻子，並且拼了老命要藏住
他正在老化的事實；還有一個年輕人，原本很渴望
得到某個女人，但是就在他們兩人同床二次之後，
年輕人就對這個女人失去了興趣，因為對他而言，
女人不過就是讓他覺得自己有魅力、有權勢的必需
品罷了。我們內在的空虛和恐懼，讓愛變成了麻醉
劑，成為一種用藥的方式，而沈迷其中的人總是會
做出愚昧並且帶有毀滅性的選擇。

　　這就是發生在雅各身上的狀況，拉結不只是他
的妻子，更是他的「救世主」，他極度地想要並且
需要拉結，所以他只聽見、只看見，他想聽見、看

見的，這就是為何他那麼容易掉入拉班騙局的原因。後來，雅各對拉結的偶像崇拜，為他的家族帶來了數十年的痛苦，因為他喜歡並偏愛拉結的兒子們，勝過利亞的孩子，導致他所有的孩子都受到傷害，破壞了整個家族體系，讓他們痛苦不堪。對於一個墜入情網的人，我們有一句話形容：「連那女人走過的地方，他都跪拜。」如果實際人生就和這句話一樣的話，那還真是不堪設想。

我們看見偶像崇拜如何蹂躪雅各的生命，但是，受傷最深的應該非利亞莫屬。利亞是長女，敘事者給了我們一個關於她的重要細節，經文説：「她的眼睛沒有神氣（英譯作：微弱的眼睛）。」有些人推斷，那是説她視力不佳，但是，經文並不是這樣寫：「利亞視力不好，拉結卻目光如鷹。」乃是寫著：「利亞的眼睛沒有神氣，拉結卻生得美貌俊秀。」所以「沒有神氣」可能是説，她有鬥雞眼，或者從某方面來說，就是指她長得很難看。重點很清楚，就是利亞沒有魅力，她這輩子註定要活在她那美豔動人的妹妹陰影之下。

　　所以，她的父親拉班知道沒有男人會娶她或是為她而下聘，多年以來，他一直苦惱著要如何把她嫁出去，因為這樣，拉結才能結婚，好為他賺進一筆財富。而從雅各身上，拉班終於找到他財務問題的解答，他看見了機會，而且打算好好利用。但是看看這對利亞來說是什麼意思——她從一個父親不想要的女兒，變成了丈夫不想要的妻子。「雅各愛拉結勝過愛利亞」（創世記 29：30），她是個沒人要的女孩。（註 31）

　　這時，利亞心中出現的破洞，就和雅各心中的破洞一樣大。現在，她開始用和雅各一樣的方式來回應，她對雅各所做的，就是雅各曾對拉結做的，也是以撒對以掃做的。她把所有的希望都放在要贏得雅各的愛，最後幾節經文是聖經中出現過最悲慘的經文之一：

　　　　「耶和華見利亞失寵，就使她生育，拉結卻不生育。利亞懷孕生子，就給他起名叫流便，因而說：耶和華看見我的苦情，如今我的丈夫必愛我。她又懷孕生子，就說：耶和華因為聽見我失寵，所以又賜給

山寨版的上帝
Counterfeit Gods

我這個兒子，於是他起名叫西緬。她又懷孕生子，起名叫利未，說：我給丈夫生了三個兒子，他必與我聯合。她又懷孕生子，說：這回我要讚美耶和華，因此給他起名叫猶大。這才停了生育。」　創世記 29：31-35（註 32）

　　她在做什麼呢？她試圖想透過傳統家族的價值觀，找到快樂和應有的身份地位，尤其在那個年代，生下男丁就是最好的方式；但是此法並沒有奏效，她把所有的希望夢想，全都寄在丈夫身上，她心想：「只要我幫他生小孩，生兒子，他就會回過頭來愛我，那時，我就能終結這不快樂的人生。」相反的，每一次的生育都把她推往更深的寂寞深淵裡，每一天，她就像受了咒詛般，看著她最渴望的男人，一再地投進那個過往使她活在陰影下的女人懷裡，每一天就像是有一把刀不斷重覆地刺入她的心一樣。

浩瀚無垠的幻滅

　　故事進行到此，許多現代讀者必定想著：「這

個故事裡的屬靈英雄們全都跑哪去了？我要效法的
對象究竟是誰？這個故事的教訓是什麼？」

我們之所以覺得困惑，是因為當我們讀聖經的
時候，往往把它當作是許多毫無關連的故事，以為
每一個故事都有一個「道德訓誡」，教我們該如何
生活，但是其實並非如此。聖經所講的每一個故事，
無非是要告訴我們，人類究竟是如何走到今天這個
地步，而神透過耶穌基督的降生，又將如何修正世
上的一切狀況，換句話說，聖經並不是降下一個教
訓的梯子，而在梯的上頭有一位神說：「只要你能
使出所有力氣，把每件事做對，你就能爬到這個頂
端！」相反地，聖經是重覆地叫我們看見一群弱者，
他們不配得到神的恩典、不尋求恩典，即便他們領
受了恩典，也不會感激。如果這個偉大的聖經故事
裡，每個單獨的故事都是這樣，那麼，我們究竟要
從這些故事中學什麼呢？

我們學到的是，在整個生命裡延伸著一個基本
又無限的失望，除非你能認清這一點，否則你永遠
無法過一個有智慧的人生。雅各說：「我只要得到

拉結，一切就都解決了。」然後，他和那個他以為是拉結的女人共枕，希伯來文直譯說：「到了早晨，雅各一看是利亞。」（創世記 29：25）某位聖經評論者對這一節的解釋是：「這是我們在伊甸園之後，經歷醒悟的一個縮影。」（註 33）什麼意思呢？我對這位婦人毫無冒犯之意（我們其實從她身上學習到很多），但意思是：無論我們把希望放在什麼上面，早晨醒來「看到的將永遠是利亞，絕不是拉結。」對此，沒有人比魯益師講述地更貼切了，在《反璞歸真》裡：

「大多數人，假若肯誠誠實實捫心自問，的確會發現，他們不但需要而且十分渴望得到這世界上得不到的那些東西。地上的東西多得不得了，都說可以給你；但人很少守信用，並不真的給你。我們初戀的時候，或者第一次有意觀光外國，或者第一次接觸能吸引住我們的事物的時候，在我們內心喚起的那種期盼，等到真的結了婚，旅了行或者學會想學的事物後，卻不能真正滿足。我指的還不是普通所謂失敗的婚姻，沒趣味的旅行或者不成功的學

術生涯。我指的是我們所期望得到的好中最好的。
在我們開始期望的那刻，在我們要抓住他的時候，
那最好的卻在現實世界裡消失了。我相信大家都明
白我的意思。結了婚，妻子也許很賢淑；旅行時，
旅館和風景也許都屬一流；化工也算一門有趣味的
職業。不過，我們心裡總會覺得有一樣東西不見
了。」（註34）

如果你是和雅各一樣：在同樣的狀況下結婚，
把你所有最深切的期望和憧憬，都放在你要結婚的
對象上，你的期待將會把他壓垮，會以千百種方式
來扭曲你和你配偶的生活。沒有一個人，能滿足你
靈魂的所有需求，即使他是最好的！你會以為自己
是和拉結一起共眠，但是每天早晨睜開眼睛時，躺
在身旁的卻一直都是利亞。這種無限的失望和覺悟，
常存於整個生命裡，只是在我們期望最大的事物上，
感受會特別強烈。

當你終於意識到這一點之後，你可以做的有四
件事情。一是責怪那些讓你失望的事情，然後試著
繼續找更好的，這就是持續的崇拜偶像和心靈成癮。

第二是，責怪自己、狠狠地捶自己一頓，說：「我真的很失敗，我看到其他人都很開心，但是為什麼只有我不開心？我一定是哪裡有問題。」這是一種自我厭惡和羞愧。第三，你可以責怪全世界，你可以說：「我要咒詛所有的異性。」這種方式會把你自己變得剛硬、憤世嫉俗、空虛。最後，你也可以像魯益師在寫到關於盼望的偉大篇章中，所提醒的那樣：重新調整生命，將生活的整個焦點轉回到上帝身上。他最後說：「要是我們有一種欲望，這世上的萬事萬物都不能滿足，最適當的解釋，是人乃另一個世界而造。」（註35）

男性與女性的偶像崇拜

雅各尋找的是「末日浩劫之性」；利亞則是一個傳統的女人，不斷生育，試圖從妻子的角色中找到她的身份。但是，他們兩人都很挫折。爾尼斯‧貝克解說道：

「情侶並沒有也不可能代表，對人之困境完全

和永久的解決……導致了現代人徹底的絕望感……
人之關係不可能承受神性的重量……無論我們怎樣
把『情侶』理想化和偶像化，他（她）仍然不可避
免地反映著塵世的腐朽和缺憾……總而言之，我們
把情侶上升為上帝，到底想要達到什麼呢？只有一
個目的，那就是贖罪！我們想要避開我們的過失和
虛無感。我們希望得到正名，希望知道我們的創造
並非徒然……不用說，人間的情侶不能滿足這一
點。」（註36）

刻板的男女偶像崇拜，在愛情裡是個死胡同。
常有人說：「男人利用愛情取得性，女人則用性獲
得愛情。」正如所有的刻板印象，這說法有一定的
道理。但是，這個故事則說明這兩種偶像崇拜，都
讓人失望，因為雅各想要藉著擁有一個外貌姣好的
妻子，來肯定他的人生，他把整個心獻給了那個女
人，完全無視於她的幼稚和缺點；而利亞的假神並
不是性，她雖然得到了她丈夫的肉體，但卻得不到
他的愛和承諾，她渴慕他「依附」在她身邊，要他
的靈魂與她連合，但是雅各沒有，因此她的人生變

得膚淺並且悲慘。

在現代文化裡，越來越多人察覺，很多女性是「承諾偶像」的受害者。紐約時報週刊影評人瑪荷拉·達吉思在《他其實沒那麼喜歡你》（He's Just Not That Into You）的電影評論中，感嘆好萊塢不停地上演「年輕女性滿腦子在乎的，似乎只有鞋子、婚禮鐘聲和寶寶。」劇中一個女孩去赴生平的第一次約會，結束之後隨即打電話告訴好友，約會很順利。此時，約會的男伴早已在家，正在打電話給另一個女人。（註37）

影評家很正確地指出，那些把愛情以及一場與白馬王子的盛大婚禮，塑造成偶像的女人們，早已變成她們所渴望之事的奴隸，她建議女人應該拋開他們典型的愛情偶像，改換成男人的版本。但是，我們也已經看見，所有的偶像崇拜都會奴役人們，男性的愛情偶像使他們沈溺在個人的自主性之中，才能讓他們同時與好幾個女人交往；女性的愛情偶像，就如影評家指出的，讓她們變得沈迷又依賴人，脆弱且容易受操縱。這兩者都是一種奴役，都扭曲

了我們的生命，使我們變得盲目，無法做出智慧的
人生選擇，那麼，我們有什麼辦法嗎？

利亞的突破

　　利亞是整個悲劇中，唯一有屬靈進展的人，即
便這是發生在最後階段。先來看看神在她生命裡做
了什麼，希伯來學者們注意到，利亞所說的每一句
話，都是對神的呼求，她用了「雅威」這個名字。
她在32節是這樣說的：「『主』雅威看見我的苦情」
她是怎麼認識雅威的？

　　伊羅欣（Elohim）是希伯來文對神的總稱。
那個時期，所有文化對於神或神明，都有一些想法，
但是，雅威這個名字指的是——曾向亞伯拉罕，後
來又向摩西顯現自己的那一位神，祂就是那位告訴
亞伯拉罕，要透過他的後裔賜福全地的神。利亞可
以聽到關於雅威的唯一管道就是，雅各曾經對她提
起關於他祖父的應許，因此，雖然她很掙扎也很困

惑，但是她仍然願意向這位恩典的神，伸出她的手。

經過數次的生育，終於有了突破。當利亞生下她第四個兒子猶大，她說：「『這回』我要讚美耶和華。」這句話帶有挑戰的意味，它和先前每次生育之後做出的宣告有所不同，這一次，她沒有提到丈夫或孩子，似乎是，她終於把她內心最大的希望，都從她的丈夫和孩子身上挪開，並且放到耶和華身上。雅各和拉班都竊奪了利亞的人生，但是，當她最後選擇把她的心交給耶和華時，她重新擁有了自己的人生。

真實的新郎

我們不該只看神在她生命裡所要做的，我們也要看神真的已經為她做了什麼。利亞很可能覺得這個孩子有些特別之處，她或許有一種直覺，感受到神已經為她做了什麼事，神確實做了。創世記的作者很清楚明確地指出，所生的這個孩子是猶大，而根據創世記第四十九章所告訴我們的，那位真正的

君王——彌賽亞，有一天將會透過猶大來到這世上。
神造訪了這個沒人要、沒人愛的女孩，並且讓「她」
成了耶穌的祖先。救恩來到這個世界，不是透過美
麗的拉結，反而是透過這位沒人要、沒人愛的女性。

　　這難道是因為神專門喜歡替受迫害的人平反
嗎？並非如此，神賜給利亞的這個奇妙禮物，絕不
僅僅只是一種平反。經文說，當耶和華看到沒人愛
利亞，「祂」卻愛她。神所說的是：「我才是真正
的新郎，那些沒有丈夫的人，我是他們的丈夫。我
是孤兒的父親。」這位神是用恩典救贖的神。一般
道德宗教的神明偏愛那些成功和成就非凡的人，因
為這樣的人才能爬上道德的梯子，一路進入天堂。
然而聖經中的神卻是一位從天而降，來到世界為完
成救贖，並且要賜給我們一個靠自己永遠也無法獲
得的恩典，祂愛那沒人要的、軟弱的和沒人愛的，
祂不只是個君王，而我們也不只是祂的臣民；祂不
單單只是個牧羊人，只是視我們為祂的羊群；祂乃
是丈夫，而我們是祂的配偶，祂因我們而傾心陶醉，
即使是我們當中那些看來毫不起眼的人。

這就是戰勝偶像崇拜的能力。這世界有很多人沒有找到一位愛情的伴侶，他們需要聽到主說：「我是真正的新郎，到了最後，只有一雙膀臂會滿足你一切內心的渴望、等著你，只要你願意轉向我，並且知道我現在就愛你。」不過，不只是那些沒有配偶的人，需要明白神是我們最終的配偶，那些有配偶的人也需要。他們需要明白這一點，才不致於會因為他們過度的期待而重重地壓垮了自己的婚姻。如果你和一個人結婚，並期待對方可以像神一般，直接可以預期的就是，他們必定會讓你大失所望，但是這並不是叫你少愛你的配偶一點，而是你應該更多認識神、更加愛神。我們對神的愛，要如何才能有這般深刻的認識，以致於能夠讓我們的情人或配偶，脫離我們那令人窒息的期待呢？看看指引利亞生命的那位神吧！

沒人要的那個人

當神藉著耶穌基督來到世上，祂其實是利亞的

兒子。祂成了一個沒有人要的人，降生在馬槽裡，祂沒有我們羨慕的美貌（*以賽亞書 53：2*），祂到自己的地方來，自己的人倒不接待祂（*約翰福音 1：11*）。甚至最後，所有人都離棄祂，耶穌甚至向祂的父親呼喊：「你為何離棄我？」

祂何以成為利亞的兒子呢？祂為何成為一個沒有人要的人呢？無非是為了你和我，祂擔負了我們一切的罪，代替我們受死，如果祂對我們的愛能深切地感動我們，就能夠讓我們的心脫離其他「可能的救世主」。我們不會再透過個人的追尋和人際關係，來救贖自己，因為我們已經蒙了救贖，我們也不會再把別人變成救世主，因為我們有了一位救主。

「唯一能夠驅趕心中舊有影響力的方法，無非是藉著一個新的力量來驅除……因此，光是向這個世界舉起鏡子，叫它看見自己的不完美，是不夠的。光是展示你樂趣的短暫性，也不夠……向良心說教……指出其愚昧無知……倒不如試試各種正確的方法，藉此管道打開你的心，接受這位比世界還要大之神的愛。」（註 38）

山寨版的上帝
Counterfeit Gods

　　有一天，莎莉告訴我，她如何找回自己的人生。她去找一位心理諮商師，他正確地指出了她一直想藉由男人找到她的角色定位，尋求「救贖」，結果，心理諮商師提議她找一份工作，藉由經濟獨立來建立自我形象。莎莉完全同意自己需要在經濟上獨立自主，但並沒有接受那個藉此來找到自我形象認同的建議。她說：「那個建議是讓我放棄一個普通女性的偶像崇拜，用一個普通男性的偶像崇拜來取代，我不想把自我價值寄託在男人身上，更不想要寄情於成功的事業，我要的是自由。」

　　她是怎麼辦到的？她讀到歌羅西書第三章，聖徒保羅寫著：「你們的生命與基督一同藏在神裡面。基督是我們的生命，他顯現的時候，你們也要與他一同顯現在榮耀裡。」（歌羅西書3：1-4）。她終於明白，她的生命或是身份，不應該是男人，也不是工作或者任何事物，重點不是男人如何看待她，或是她的工作成就，重要的是基督已經為她所成就的，以及耶穌基督有多麼愛她。所以，當她遇到一個男人對她有好感時，她會在心裡對那個男人說：「你或許

將是一個很棒的男人，甚至於可能成為我的丈夫，然而你永遠不會成為『我的生命』，因為耶穌基督才是我的生命。」當她開始這麼做，就如同利亞那樣，她重新找回了自己的生命。這個屬靈原則幫助她劃定了界線，做出合適的選擇，最終，她愛上一個男人，並且是單純地愛他，而不是利用男人來膨脹自我形象。

　　她回答了一個我們每個人都需要面對的問題，要如何才能活出我們應有的人生？而誰能讓我委身？是誰如此美麗，讓我願意快跑並且幫助我逃離一切的假神呢？答案只有一個。誠如詩人喬治・荷柏（George Herbert）看著釘在十架上的耶穌時所寫：「你是我的幸福，我的生命，我的亮光，唯獨你何等美麗。」（註39）

註解

~~~

25. Robert Alter, *Genesis: Translation and Commentary*
《創世紀：翻譯與註釋》（暫譯）(New York: W. W. Norton,
1996), pp. 151-157。

26. Ernest Becker 著，林和生譯 《拒斥死亡》（北京：華夏出版社，
2000，185-187、194 頁）。

27. Ernest Becker 著，林和生譯 《拒斥死亡》（北京：華夏出版社，
2000，187 頁）。

28. 關於這個小幅度的文化轉變，請參閱下列等相關文章與書籍：

Barbara F. Meltz, "Hooking Up Is the Rage, but Is It
Healthy?"「勾搭雖是時尚，但此行為健康嗎？」（暫譯）刊載於
The Boston Globe 《波士頓環球報》, February 13, 2007

Laura Sessions Stepp, *Unhooked: How Young Women
Pursue Sex, Delay Love, and Lose at Both* 《脫勾：年輕女性
尋求性、耽擱愛情、兩者俱失》（暫譯）(New York: Riverhead,
2007)。

29. C. S. Lewis 著，余也魯譯 《返璞歸真》（香港：海天書樓，
1995，卷二，五章：性德）。

30. 雅各為何不直接拒絕這個大膽且明顯的詐騙？Robert Alter 也
對此提出非常寶貴的見解。當雅各問：「你為什麼欺騙我？」希伯
來文的欺騙和第二十七章用來描述雅各欺騙以撒的字是同樣一個

字。Alter 後來引用一位早期的猶太教律法評註專家的説法，猜
測隔日雅各和利亞可能有的對話。雅各對利亞説：「我在暗處叫『拉
結』，但卻是妳回應我。妳為何要如此對我呢？」於是利亞回答：「你
父親在暗處叫著『以掃』，不也是你回應了他。你為何如此待他呢？」
他只得忍怒閉口不語。他親身體會被操縱和欺騙的感受，於是只
好屈服忍受拉班的提議。

31. 因為多數婚姻都是以這種方式被安排的，因此很多女人極有可能
會覺得自己被丈夫厭棄，所以這個故事對古時候的讀者而言，必定
引起許多共鳴。如果現代讀者對於買賣女人這整件事感到反感，
請務必瞭解，整卷創世記在敍述時所想要突出的重點，無非是想
藉由負面的引述，以求能暗地裡破壞這種傳統。

羅柏·亞特（Robert Alter）在 *The Art of Biblical Narrative*《聖
經敍述的藝術》（暫譯）中提到，閱讀創世記時，若以為長子繼承
權、一夫多妻制和買賣新娘是被認同被瞭解的，那就錯了。其實整
卷書不斷地透露一夫多妻制所引發的災難，這一向是行不通的，
所看到的不過都是封建制度所造成的家庭不幸。羅柏·亞特認為
創世記中所有的故事，其實都是想要暗暗地打破舊有的封建思想
和習俗。

32. 多數英文譯本會標註每個名字的意思。利亞生的第一個孩子是個
男孩，取名為流便，流便的意思是「看見」，因為她心想：「或許我
的丈夫會多看我一眼；我對他而言不再是個隱形人了。」事實不然。
她又生了一個兒子，這次取名為西緬，意思是「聽見」，心想：「這
次我丈夫應該會聽見我説的了。」結果依然不變。利亞又生了第三
個兒子，為他命名為利未，意思是「依附」，她說：「現在我為丈夫
生了三個兒子，他的心必依附我了。」

33. Derek Kidner 著，劉良淑譯《丁道爾舊約聖經註釋：創世紀》（台
北：校園，1991)。

34. C. S. Lewis 著，余也魯譯《返璞歸真》（香港：海天書樓，

1995，卷三，十章：盼望）。

35. C. S. Lewis 著，余也魯譯 《返璞歸真》（香港：海天書樓，
1995，卷三，十章：盼望）。

36. Ernest Becker 著，林和生譯 《拒斥死亡》（北京：華夏出版社，
2000，191-194 頁）。

37. 瑪荷拉·達吉思（Manohla Dargis）在評論 1991 年出品的電影
「末路狂花」時，問道究竟是怎麼一回事？女人們「穿著破舊的
牛仔褲，自信地和男人交談……但卻沒有計劃想結婚呢？」刊載
於 Manohla Dargis, "Young Women Forever Stuck at
Square One in the Dating Game,"「年輕女性老是停留在
約會遊戲的起點」（暫譯）New York Times 《紐約時報》, Feb-
ruary 6, 2009。

38. Thomas Chalmers, "The Expulsive Power of a New
Affection"「新愛的排拒能力」（暫譯）出於十九世紀的一位蘇
格蘭長老教會牧師兼政治家的經典講章。多處網址皆可找到這篇
講章。

39. George Herbert, "Dullness"「昏沈」（暫譯）in The Com-
plete English Poems 《英文詩全》（暫譯） ed. James Tobin
(London: Penguin, 1991), p.107。

第三章

金錢改變一切

毫無掩飾的貪婪

二〇〇五年，瑞士信貸銀行積極地推動度假村貸款。這類貸款提供給借款人即時的個人收益，機構投資者亦可以此獲得更高的利潤。因此，一間位於蒙大拿山間，專為富豪設計的私人豪華滑雪度假

村——黃石俱樂部的創辦人兼最大股東，立刻申請了一筆三億七千五百萬美元的貸款，照著貸款合約上所寫的，其中二億九百萬元立即進入了他個人口袋。瑞士信貸銀行對於借款人的還款能力並沒有做太多的評估，因為它並不是用自己銀行的資金來冒風險。此項貸款的銷售手法是將貸款包裝成「抵押貸款契約」的一部份，將所有的潛在問題全都轉渡到機構投資者的身上，例如在購買養老基金這種貸款商品時，完全低估了來自賣方那些商品的風險。瑞士信貸自二〇〇二年至二〇〇六年間，總共完成六筆此類度假村交易，其總金額達三十億。

到了二〇〇七年，黃石俱樂部出現了嚴重的財務問題。慣常的不良管理，並且因著瑞信貸款進而更加惡化，產生了沉重的債務。當經濟出現衰退、房產價值下跌後，俱樂部最終申請破產，擁有優先留置權的瑞信則提供了一筆臨時基金，並且打算把俱樂部「封存」起來。這意味著有成千上百的員工即將面臨失業——小小蒙大拿鎮上的小販、服務生、園丁和電梯操作員，原本就沒有太多的就業機會，

如今卻即將面臨更嚴重的經濟衝擊。

幸運的是，一位蒙大拿專司破產的法官看清了整件事情的始末，他嚴厲譴責瑞信和俱樂部股東們是「毫無掩飾的貪婪」，在利用「掠奪性貸款」塞滿自己口袋的同時，卻把所有風險和後果推到當地勞工階級的居民身上。他先是在破產法庭中非常罕見地褫奪了瑞信的優先留置權，最後在法官的判決下，讓別的買主有機會買下俱樂部，因而挽救了許多的工作機會。（註40）

一位記者在報導這篇故事時，將它稱之為富有時代代表性的「劃時代經濟精神」。高級主管階層遽增的薪資帶出的是：不斷強調奢華物質，利用貪婪性商品，犧牲成千上萬的一般勞工，卻為商品設計者賺進數百萬元利益，並絲毫無視於不合理的債務。這一切都意味著我們的社會正在發生深層的改變。保羅·克魯曼寫到這些態度上的改變：

「我們不該將此視為市場趨勢，如同濱水區房地產的價格上揚那樣，相反地，這更像是一九六〇年代的性革命——是一種舊體制的鬆弛、一種新的

放縱，只不過這裡所談論的不是性的放縱，而是財經。同樣地，約翰‧加爾佈雷思（美國經濟學家 John Kenneth Galbraith）形容在一九六七年，當時具有誠信的執行長就像是：「『身邊不時圍繞著甜美、垂手可得，甚至是裸露無遺的女人，卻依然能夠全身而退』……企業主管不會為求報償，而採取無情的手段。但是到了一九九○末期，經理人的座右銘卻是：『只要你喜歡，便放手一博吧！』」（註 41）

我們看不見自己的貪婪

爾尼斯‧貝克寫到，我們的文化會用性和愛情來取代神。但在早期，尼采 （Nietzsche）卻有著不同的論點。他說，隨著神的存在逐漸從西方文化裡消失，我們將會用金錢取代神。

「為什麼第一個人賣東西時缺斤短兩，第二個人在為其房屋買了超值保險後故意縱火焚燒……而我們上層社會有四分之三的人都沉迷於合法欺騙之

中……是什麼造成這一切？由於看到自己財產增長
速度太慢，而他們渴求暴發的願望又是如此強烈，
因此不惜鋌而走險。在這種對於金錢的迫不及待和
如癡如狂的迷戀中，我們看到了權力欲的又一次死
灰復燃……過去我們為了上帝可以無惡不作，現在
為了金錢無惡不作，因為現在是金錢讓我們享受到
了最高權力感，並讓我們心安理得。」（註 42）

簡言之，尼采預料，金錢在西方文化中很可能
會成為最主要的假神。

數不清的作者與思想家都已指出，這個「貪婪
文化」已經吞噬了我們的靈魂，也帶來了經濟瓦解，
但是卻沒有人認為在短期之內，會因此而有任何的
改變，為什麼？因為我們很難看見自己裡面的貪心
和貪婪。

幾年前，我在一個弟兄早餐會上，針對七個致
命原罪作了七場的系列講座。內人凱西告訴我：「我
跟你打賭，到了主題是貪婪的那週，出席率一定是
最低的。」她說得沒錯，無論是「性慾」、「憤怒」
甚至「驕傲」，這些主題都座無虛席，但是卻沒有

山寨版的上帝
Counterfeit Gods

人認為自己貪心。身為牧師，人們常常來找我說出令他們掙扎的罪，幾乎每種罪都有，我卻幾乎不記得有誰對我說過：「牧師，我在自己身上花太多錢了，我覺得我對金錢的貪慾已經破壞了我的家庭、我的靈魂和傷害了我身邊的人。」貪婪會對受害者隱藏。金錢偶像的手法，其中之一就是蒙蔽你的心。

為什麼被貪婪控制的人會看不見呢？因為金錢的假神會利用強大的社會和心理功能來控制人。每個人都傾向活在一個特定的社會經濟階層裡，一旦你有能力住在某個特定社區，孩子能在那個學區上學、參與那個社區的活動，你就會發現身邊有不少的人比你富有，你不會拿自己和世界的其他人比較，你只會和你那個階層的人比較，你會說：「我的生活品質沒有他或她或他們好，我的財產和他們的比起來，真是小巫見大巫。」無論你的生活是多麼奢華，你仍然會做出那樣的推論和想法，人類的心總是會試圖為自己找理由，而這是最簡單的方法之一。結果，大部份的美國人都認為自己屬於中產階級，只有百分之二的人稱自己來自「上流階層」。（註

43）但是，這世界的其他人並不會因此而被愚弄，當
其他國家的人來到美國，都為所看到的物質生活水
平大吃一驚時，多數美國人卻將這一切視為生活必
需品而已。

耶穌對於貪心所發出的警告，遠超過對性的部
份，但是，幾乎沒有人認為自己有這個罪。因此，
我們每個人都應該先有個假設，就是「那很可能是
我的問題。」因為貪婪總是把自己隱藏得這麼好，
所以就不該有人能輕易地誇口說：「那不是我的問
題。」那麼，我們要如何辨認並且不再被金錢權勢
蒙蔽呢？

金錢的魅力

> 「耶穌進了耶利哥，正經過的時候，有一
> 個人名叫撒該，作稅吏長，是個財主。」
> 路加福音 19：1-2

藉著簡短卻生動的筆觸，路加福音讓我們認識
了撒該。他是一名「稅吏長」，是他同胞們避而遠

之的人物；即使在今天，那些在國稅局上班的人也絕對不會在宴會上大肆宣揚他的工作，但是我們必須先瞭解這在當時的社會中，代表著什麼意義。當時的以色列，是一個被征服並且受到軍事佔領的國家，他們的征服者羅馬人，向所有殖民地苛以重稅，藉此把大部份的財富轉移到自己的國家裡，好讓羅馬和他的百姓能成為世界第一大國。這個舉動使得那些殖民地淪為赤貧地區，讓他們處於只有聽命的份，然而在以色列中，唯一能有好日子享受的，便是羅馬人和那些他們在殖民地的合作夥伴，換言之就是稅吏。稅制仰賴於那些被授權的官員，他們為羅馬領袖從每個指定地區中榨取稅收，所以，大家都看不起他們。人們稱撒該是一個「罪人」*(7節)*，意思是叛徒或是被逐出的人。如果你想感受一下人們對這些官員的觀點，就想想人們是如何看待在二次世界大戰時，效忠納粹底下那些逼迫自己同胞的幫手們；想想那些毒販，是如何靠著控制貧民區裡，成千上百軟弱無助的人發橫財；想想在現代社會中，那些「沒道義的商業強盜」是如何在併購企業後，

再把它們摧毀，或是向市井小民們銷售他們所負擔
不起的貸款方案並從中獲取暴利。如此一來，你就
能瞭解當時稅吏在人心中的地位了。

　　既然如此，為什麼還有人要當稅吏呢？是什麼
原因足以讓一個人背叛他的家人和國家，願意在自
己的社會裡被人瞧不起？答案是：金錢。羅馬人對
稅吏所提供的好處，好到令人難以抗拒，不僅有軍
隊作靠山，稅吏還能向他的猶太同胞徵收超過原本
要給政府的款項，雖然今天我們將它稱為勒索，但
在當時，這卻是個非常有利可圖的工作，稅吏在當
時社會中是最富有的人，卻也是最令人憎惡的人。

　　路加之所以要我們注意到撒該，並不只是因為
他是個普通的稅吏，乃是因為他是「稅吏長」（2節），
正確來說就是稅吏總長。因此，我們看到他住在耶
利哥這個重要的關稅中心，一點也不需要覺得奇怪，
撒該既是整個體制的領袖，想必他一定是個富豪，
但絕對也是最令人恨惡的一員。他所處的時代和我
們不同，對於炫耀個人消費和資產，在當時都被視
為一種恥辱，但那並不影響他，畢竟他犧牲一切，

就是為了要得到金錢。

金錢是主人

保羅說貪心是一種偶像崇拜。（*歌羅西書3：5：以弗所書5：5*）路加在他的福音書中，也提到了同樣的教導。（註44）路加福音十二章第15節，耶穌對眾人說：「你們要謹慎自守，免去一切的貪心，因為人的生命不在乎家道豐富。」什麼是貪心？路加福音第十一、十二章中，有許多經文記載著，耶穌對於人們對財產的擔憂所發出的警告，對耶穌而言，貪心不只是愛慕金錢，而是對它過度憂慮，祂清楚地說明，我們銀行帳戶之所以會大大左右我們情緒的原因之一是：「人的生命不在乎家道豐富」，而太在乎你的財富，就是用你的財產和消費能力來決定自己的身份。如果一個人的身份是由金錢來決定，這就是在告訴大家，如果他們喪失了財富，就沒有了「自我」，因為他們的個人價值，全都是依他們的財產價值而定。之後，耶穌更是直接說出了那東

西的名號：

> 「一個僕人不能侍奉兩個主；不是惡這個愛那
> 個，就是重這個輕那個。你們不能又事奉神，又
> 事奉瑪門。」法利賽人是貪愛錢財的；他們聽見
> 這一切話，就嗤笑耶穌。耶穌對他們說：「你們
> 是在面前自稱為義的，你們的心，神卻知道：因
> 為人所尊貴的，是神看為可憎惡的。」 路加福
> 音 16：13-15

耶穌針對偶像崇拜，用了所有基本的聖經隱喻，並且把它們引用到貪心和錢財上面。聖經描述拜偶像的人會對他們的偶像做三件事：愛慕它們、信任它們並且順從它們。（註45）「貪愛錢財的人」會做夢並且幻想賺錢的新方法，去買新的東西，而且嫉妒那些財產比他們多的人。「信任錢財的人」會覺得他們掌握了自己的人生，因為財富讓他們感到有保障也有安全感。偶像崇拜也會把我們變成「錢奴才」，就像我們侍奉地上的君王和地方官員那樣，我們把自己的靈魂「出賣」給我們的偶像，因為想從它們身上得到我們存在的意義（愛）和安全感（信

任），所以我們非得擁有它們不可，而這就驅策我們侍奉，實質上就是順從它們。當耶穌提及我們「事奉」錢財，祂用了一個字眼，是用於表示對君王一種神聖且盟約式的侍奉。如果你是為了錢財而活，你就是一個奴隸；但是，如果神成為你生命的中心，就會罷黜並且降低金錢的地位。如果你的身份和保障是在神的裡面，金錢就不能透過擔憂和渴望來控制你，但是兩者不可兼得，你倘若不是事奉神，就有可能成為瑪門的奴隸。

貪婪之人對自己在物質主義上的盲目，是再明顯不過的一種奴役。注意在路加福音十二章裡耶穌說：「當心！你們要免去一切的貪心。」那是一句值得注意的話。想想聖經所警告的另一個傳統的罪——淫亂。耶穌並沒有說：「當心，免得犯了淫亂的罪！」祂不需要這麼做，因為當你和別人的配偶上床時，你絕對是知道的，並不會在半途中才突然說：「喔，等等，我想這是淫亂！」你一開始就清楚知道那是淫亂。但是，即使這個世界很明顯地充斥著貪婪和物質主義，卻幾乎沒有人會認為自己

有那樣的問題，他們拒絕承認。

我們若繼續觀察撒該，必然會問：「他怎麼
能背叛並且傷害那麼多人？他怎麼甘願被人唾棄？
他怎麼會被金錢蒙蔽到願意不顧一切地過那種人生
呢？」撒該不過是耶穌在整卷路加福音中，所教導
的其中一個例子。金錢是最普遍的假神之一，當它
掌握你的心，就會讓你看不見周遭的狀況，它會透
過你的憂慮和慾望來控制你，也會要求你要把它放
在最優先的地位。

恩典的開始

> 「他要看看耶穌是怎樣的人：只因人多，他的身
> 量又矮，所以不得看見，就跑到前頭，爬上桑樹，
> 要看耶穌，因為耶穌必從那裡經過。耶穌到了那
> 裡，抬頭一看，對他說：撒該，快下來！今天我
> 必住在你家裡。他就急忙下來，歡歡喜喜地接待
> 耶穌。眾人看見，都私下議論說：他竟到罪人家
> 裡去住宿。」路加福音 19：3-7

撒該身材矮小，但是為什麼個子矮的人不能站
在路上或是站到高個兒前面呢？理由很簡單，因為

沒有人會讓位給他。所以,撒該做出了驚人之舉——他爬到樹上去。我們一定得明白這件事的意義,在傳統的文化裡,人們看重的並不是自由和權利,而是名譽和尊嚴。一個大人爬到樹上,絕對會被不少人嘲笑,而像撒該這樣的人,本來就被人瞧不起,再加上個子矮小,勢必要更加注意自己的言行,要有配合地位的尊貴風範。但是他為什麼還那樣做?路加告訴我們:「他要看看耶穌是怎樣的人。」撒該急於想要認識耶穌,「急於」這個詞可能還不夠強烈,他竟然連爬到樹上都願意,就表示這份渴求是近似拚命的地步。

耶穌出現了,祂看見一群人,其中多為體面的宗教人士,這些人都覺得自己比妓女和稅吏還高人一等。*(路加福音 19:7;馬太福音 21:31)* 耶穌沒有對當中任何一人說話,祂直接指向群眾裡最聲名狼藉的一個「罪人」——撒該,他是稅吏總長,是罪人中最糟糕的一種。然而,當著這群道德人士面前,耶穌挑中了這個人,不只對他說話,還要和他共餐,在當時的文化裡,和某人共餐就意味著友誼,這個舉

動幾乎是冒犯了所有人，但是耶穌並不在乎，祂說：
「撒該，我不要去他們家，我要去你家吃飯。」於
是撒該歡歡喜喜地接待了祂。

　　沒有什麼能比這個單純的對話還更具啟發性
的。撒該沒有帶著驕傲來見耶穌，乃是謙卑地來到
耶穌面前，他沒有憑藉自己的尊嚴和財富，相反的，
為了見耶穌一眼，他把他的社會地位擺到一旁，甘
願受人揶揄。到最後，不是撒該邀請耶穌進入他的
生命，反倒是耶穌向撒該提出了邀請。你彷彿能聽
見耶穌笑著對他說：「撒該，沒錯，『就是你』！
今天我要去你家！」耶穌很清楚自己的行動在群眾
眼中有多離譜，和他們所認知的宗教有多矛盾，而
對於那個爬到樹上的矮個兒又有多麼地吃驚。

　　當撒該看到耶穌選擇群眾當中最沒有道德的
人——他自己，撒該的整個屬靈認知開始有了轉變，
雖然，他對這方面可能沒有太多的認識，但是他開
始瞭解，神的救恩是藉著恩典，而不是藉著道德行
為或表現。這個認知猶如當頭棒喝，狠狠地敲醒了
他，於是他歡歡喜喜地接待了耶穌。

恩典和金錢

> 「撒該站著對主說：主啊，我把所有的一半給窮
> 人；我若訛詐了誰，就還他四倍。耶穌說：今天
> 救恩到了這家，因為他也是亞伯拉罕的子孫。人
> 子來，為要尋找、拯救失喪的人。」 路加福音
> 19：8-10

撒該想要跟隨耶穌，但他也隨即明白，若要那
麼做，金錢將是個問題。於是，他做出兩個令人矚
目的承諾。

首先，他承諾把收入的一半分給窮人，而這遠
遠超過摩西律法所要求的什一奉獻。今天，就連要
奉獻收入的十分之一給慈善機構，我們都會覺得這
是一筆龐大的金額，即便有錢人奉獻得更多，還是
能保持生活上的優渥也一樣。撒該在做出這個承諾
時，心裡相當的清楚，他的心顯然已經被激動，他
知道救恩不是透過律法得到，乃是透過恩典，所以
他的目標就不會單單只是活出律法的標準而已，他
要超越其上。

曾經有一些教會的會友跑來問我有關「什一」

的問題，就是奉獻他們年收入的十分之一。他們注
意到，在舊約聖經中有多處的經文，清楚命令信徒
應有什一的奉獻，但是在新約裡，卻沒有那麼明顯
或特地提到奉獻的金額或比例，他們常常會問我：
「你覺得新約時代的信徒，還要完全照什一的標準
奉獻，不會吧？」當我搖搖頭時，他們會安心地鬆
了口氣，不過，我很快就會接著說：「我告訴你，
為什麼你在新約裡看不到對什一有清楚的要求呢？
你想一想，和舊約時代比起來，我們領受神的啟示、
真理和恩典，是更多還是更少？」通常這時候都會
是一陣坐立難安的沈默。「我們是否比那些人『欠
了更多福音的債？』耶穌是獻上祂生命和寶血的『十
分之一』來救贖我們，還是獻上了祂的全部呢？」
什一對基督徒而言，是最基本的標準，比起那些不
太瞭解神為救贖他們所付上代價的人，我們絕對不
會想成為一個在收入上奉獻太少的人吧。

　　撒該的第二個承諾，和慈惠與憐憫沒有太大關
連，而是和正義有關。他用欺騙的方式，發了大筆
的橫財，他曾經從很多人身上徵收超額的稅金，對

此，摩西的律法之中也有解答，利未記五章第 16 節和民數記五章第 7 節吩咐：如果你偷了任何東西，你必須連本帶利償還，還要加上二成的利息。但是，撒該想做的卻是更多，他願意照他所騙取的，償還「四倍」之多，而那是百分之三百的利息。

對撒該所做的承諾，耶穌回應說：「今天救恩到了這家。」請看，祂不是說：「如果你照這個方式生活，救恩就會來到這個家。」而是，救恩已經到了這個家。神的救恩不是臨到一個已經改變的生命，而是當生命接受了一個白白賞賜的救恩，它才會改變。

那才是撒該的心和生命之所以能夠煥然一新的原因，如果只是藉著遵循道德規範而得到救恩，撒該必定會問：「我『應該』給多少才夠？」但是因為那豐沛、寬宏的恩典，所以他的問題是：「我『能夠』給多少？」他發現，即使他在財務上很富足，但是在屬靈裡卻是貧乏，然而耶穌卻白白地向他傾倒了屬靈的財富。他從一個壓榨窮人的人，搖身一變，成了一個正義的鬥士，從原本一個利用周遭累

積自己財富的人，成為一個願意用自己的財富來服
事的人。為什麼？因為耶穌已經替代了金錢，成為
他的救主，所以金錢回到它該有的位置，它現在成
了做善事、服事人的工具。現在，撒該的身份和保
障都紮根在基督裡，神的恩典轉變了他對財富的態
度。

恩典與深層的偶像

　　要想瞭解撒該的心是如何開始改變，就必須先
知道假神通常是成群的活動，而且把心中偶像崇拜
的結構弄得錯綜複雜，人心裡面有一些「深層的偶
像」是藏在我們所服事那些較具體且顯而易見的「表
層偶像」底下。（註46）

　　我們心中的罪會影響我們的基本動機，因此它
們會變成偶像崇拜，進而成為「深層的偶像」。個
人影響力和權勢的慾望，會給予某些人強烈的動力；
然而對另一些人而言，只要得到肯定和欣賞，就足
以令人興奮；比起其他事物，有的人更想要的是情

感和肉體上的安慰；有的則是需要安全感以及他們可以掌控的環境。內心渴望有權力的人，其深層偶像不會在乎自己是否能受歡迎，它只要能得到影響力就夠了；而那些想得到肯定的人卻恰巧相反，只要能得到每個人的肯定，他們樂得失去權力和控制。每個深層偶像，例如：權勢、認同、安慰或控制，都會製造出不同的恐懼和不同的希望。

「表層偶像」就像金錢、配偶或小孩，我們的深層偶像會透過他們來尋求滿足感。在分析偶像結構上，我們通常做的很膚淺。例如，金錢可能只是一個表層偶像，其實是為了滿足一些更根本的衝動：有些人想用財富來掌握他們的世界和人生。這種人通常不太花錢、生活儉樸，他們把錢存在銀行或是用來投資，好讓自己能完全安心地生活；有的人則是想用錢打入社交圈，把自己打扮得時尚又迷人，這種人會很大方地花錢在自己身上；另外也有一種人想得到財富的原因是：那可以讓他們控制其他人。在這些情況裡，金錢都是偶像，但是，卻因為各種不同的深層偶像，而各自以不同的行為模式展現。

　　那些深層偶像是：利用金錢來滿足控制的人，往往會覺得自己比那些用金錢取得權力或社會地位的人還要更優越。總之，無論哪種情形，金錢偶像就是會奴役並且扭曲整個生命。我的教會的另一位牧師，曾經輔導過一對夫妻，他們在金錢管理方面有很嚴重的衝突，妻子認為丈夫是個守財奴。有一天，牧師和那位丈夫單獨交談，丈夫刻薄地抱怨著他太太如何揮霍無度：「她很自私，花一大堆錢在置裝費和外貌上！」他清楚地看見，妻子對外表吸引力的需求，影響了她用錢的方式。於是，這位牧師向他說明了表層偶像和深層偶像的概念：「你是否看見不花一毛錢或送東西給人，而守住每一分錢的你，也是同樣自私呢？你把所有東西都『花在自己』的需求上，只是為了求得保障、安全和掌控。」所幸，那位丈夫沒有大發脾氣，而是很吃驚地說：「我從來沒有用那個角度想過。」於是，他們的婚姻開始有了轉變。

　　這就是為什麼要處理偶像問題，不能只是除掉表層的偶像，例如：金錢或性。看著它們說：「我

需要降低這個東西在我生命的重要性，我絕對不會讓它控制我，我要阻止它。」這種呼籲是不會奏效的，因為深層偶像必須從內心去處理才可以，而且只有一個方法才能從內心改變——透過對福音的信心。

基督的貧窮

在哥林多後書第八、九章，保羅請求一個教會對窮人奉獻，雖然他是一位有權柄的使徒，但他卻寫道：「我說這話，不是吩咐你們。」（哥林多後書8：8）他的意思是：「我不想命令你們，不想讓你們的奉獻，只是出於服從命令。」所以他沒有直接在意志上施壓說：「我是個使徒，所以照著我的吩咐做。」他反而想要看見「你們愛心的真誠」，於是就寫出了這句名言：

> 「你們知道我們主耶穌基督的恩典：他本來富足，
> 卻為你們成了貧窮，叫你們因他的貧窮，可以成
> 為富足。」 哥林多後書 8：9

耶穌這位神人，原本擁有無盡的富足，但祂若
緊握不放，我們就會死於屬靈的窮乏。那是個抉擇，
祂若保留富足，我們會死於貧窮；但是祂若死於貧
窮，我們就能成為富足，我們的罪可以得到赦免，
我們也會成為神家中的一份子。保羅給這個教會的
並非只是一條訓誡——勸勉他們不要再貪愛錢財，
並且要更慷慨。他是總結了福音的重點。

這是保羅所說的：耶穌放棄了祂在天上所有的
財富，只為了讓你成為祂的珍寶，因為你們是一群
被珍愛的子民。（彼得前書 2：9-10）一旦你看見祂的死，
使你成為祂的珍寶，那也會讓祂成為你所寶貝的。
金錢不再是你的價值與安全感的代表，你也會想要
用你所擁有的，去祝福其他人，你對福音領會的程
度，決定了金錢對你的掌控度。默想祂無價的恩典，
直到那恩典把你變為一個慷慨樂施的人為止。

吝嗇的解藥是重新調整目光，注視在福音中基
督的寬大，以及祂是傾倒了何等的財富在你身上。
如今，你不必再為金錢煩惱，因為十架提供了神的
看顧，也給了你保障。現在，你不必嫉妒別人的財

富，耶穌的愛和救恩賦予了你重要的地位，那是錢財無法給你的。金錢不能從災難中拯救你，也不能使你在一個混亂的世界中得到掌控，只有神才可以。要破除金錢在我們身上的權勢，不是只付出加倍的力量來跟隨耶穌的榜樣就夠了，確切來說，乃是要加深對基督救恩的領會，明白你在祂裡面所擁有的，以及活出因為知道真理、由心而發的改變——在你的心思、意念、和情感中產生轉化。對福音的信心會重建我們的動機、對自我的認識與身份，以及對這個世界的觀點。內心沒有得著完全改變的循規蹈舉，將是膚淺而短暫的。

人必須有一個偶像

當美國鋼鐵業先驅安德魯·卡內基（Andrew Carnegie）的鋼鐵公司成為全球最賺錢的企業時，他毫無疑問地也成了全世界的首富之一。在他開始飛黃騰達之時，年僅三十三歲。卡內基對自己的心做了一個毫不留情的評估，然後著作成一本「給自

己的留言」的備忘錄。

「人必須有一個偶像。財富的累積則是所有偶像中最糟糕的一種，沒有一種偶像比金錢崇拜還更貶低人格的。所以無論我投入什麼事情，我都會全力以赴，因此我也會謹慎選擇那最能使我品格變得高尚的生活，若是再持續埋首於公司事務，並用大部份的心力在想如何用最短的時間，獲得更多的利潤，那麼我的人格將會被貶低到沒有復原的希望。我要在三十五歲退休，但是在接下來的這兩年，我期望用下午時間來學習以及有系統的看書。」（註47）

在這個留言裡的坦率與自我認知，真是不同凡響，為他寫傳記的其中一位作者約瑟·福雷哲（Joseph Frazier）曾評論：「無論是洛克斐勒、福特或是摩根，都無法寫下這麼一段話，他們也不能瞭解寫這段話的人。」（註48）然而，不管他對自己內心的洞察有多少，卡內基顯然也沒有在兩年後「退休」，而他所害怕的那些貶損品格的影響，卻真實地在他生命中一一顯露。

山寨版的上帝
Counterfeit Gods

「雖然卡內基一共蓋了 2059 間圖書館……」有一位煉鋼工人代表許多人，對一位採訪記者說：「我們不要他為我們蓋圖書館，我們寧願他提高工資。」在當時，煉鋼工人是十二小時一班制，所站的地板滾燙到他們必須在鞋底下釘上一層木板才行。而且每兩週要輪一次連續二十四小時沒有人性的班制，之後才能休他們僅有的假日；而他們所負擔得起的住處，都是又擁擠又髒亂的，大部份的工人在四十多歲或是更年輕時，就死於意外或是疾病。」（註49）

前言裡提到的比爾，他是在信主三年後，經歷了二○○八年至二○○九年間的金融風暴，損失了大筆財產。他說：「如果這是在我信主前發生的，我一定會很痛恨自己，一定會把我逼到開始酗酒，甚至可能自殺。」比爾曾經一度覺得，唯有在賺錢的時候，他才有個人的價值和重要性。但是現在他很清楚，如果在金融風暴期間，他和金錢仍然是那種屬靈關係的話，他一定會喪失整個人生的意義與目的。（註50）如今，他的身份已經轉變，他的價值

不再是成功和富足，他已經把自己建立在耶穌基督
的恩典與慈愛裡，所以，儘管損失了財富，他說：
「今天我可以誠實地說，從來沒有一個階段，比我
現在的人生更快樂。」

　　安德魯・卡內基明知金錢是他心中的偶像，卻
不知道要如何把它除掉。其實你無法除掉它，只能
取代它，必須用那位雖然富足卻成為貧窮的，來取
代它，唯有如此，我們才能真正富足。

註解

40. 報導取自於 Jonathan Weber, "Greed, Bankruptcy, and the Super Rich"「貪婪，破產，和超級富豪」（暫譯）刊載於 2009 年 5 月 30 日之 Atlantic Monthly's Website, "Atlantic Unbound"「大西洋月刊」（暫譯）

http://www.theatlantic.com/doc/200905u/yellow-stone-club。

41. Paul Krugman, "For Richer"「致富人」（暫譯），*New York Times Magazine*《紐約時代雜誌》, October 20, 2002。

克魯曼（Krugman）引用約翰·加爾佈雷思（John Kenneth Galbraith）於 1967 年的著書，*The New Industrial State*《新工業國家》：「經營管理並非無情地索取報償———個優良的經營管理，必然具備某種約束力……決策權力所伴隨的是獲利的機會……若每個人都覬覦那種機會……一個企業就會陷入競爭貪慾的混亂中。但這些不是一個傑出企業人士所為；一個顯著有效的公司規範，會禁止那種惡劣行徑。團體決策的擬定會確保，幾乎每個人的行動、甚至想法都是公開的。這種方式會加強規範的施行，同時建立高標準的個人誠信，而非僅只偶然發生。」

42. Friedrich Niezsche 著，田立年譯 《曙光》（灕江出版社，2000)。

43. 請參考皮尤研究中心（Pew Research Center）2008 年的研究

報告，根據報告指出25%的人自認屬於「低下階層」或「中低階層」，72% 的人自認為屬於「中等階層」或「中上階層」，僅有 2% 的人認為自己屬於「上流階層」。

此份報告刊出於 2009 年 7 月 1 日，載於 http://pewresearch.org/pubs/793/inside-the-middle-class。

44. 從路加福音至使徒行傳的聖經章節中，許多內容都論及福音和貪婪與偶像崇拜的之間的相互關連，其量超過我們在此所討論的篇章。

按路加福音所記載的，利慾薰心是拒絕跟隨耶穌的記號，不論是猶大（使徒行傳 1：17-20）、亞拿尼亞和撒非拉（5：1-11）或是行邪術的西門（8：18-24）。最值得一提的就是使徒行傳中描述到，因抵制基督徒而發生的兩次暴亂。這兩次都是因為貪慾而抵擋福音（使徒行傳 16：19-24；19：23-41）。

使徒行傳第十九章記載，發生於以弗所的暴亂尤其深具啟發性。基督教當時傳遍各地，以致於許多人離棄偶像，但卻也影響了當時的經濟，因為金融體系和製造偶像與神廟是緊緊連結的。基督教因為改變了人們的消費習慣與金錢使用的方式，反而對文化現狀產生了直接威脅。

45. 請特別參考 Brian s. Rosner 之 *Greed As Idolatry: The Origin and Meaning of a Biblical Metaphor* 《「貪婪」偶像：保羅比喻的原意》（暫譯）(Grand Rapids, Mich.: Eerdmans, 2007)，第九章和第十章。

46. Richard Keyes 在 *The Idol Factory* 《偶像工廠》（暫譯）(Chicago: Moody, 1992) 第 29 頁及其後篇幅中之 "No God but God: Breaking with the Idols of Our Age"「除耶和華，別無他神：脫離我們世代的偶像」（暫譯）一章裡，裡提到「近距離」和「遠距離」的偶像。

在此我提出了類似的概念，只不過他把「遠距離的偶像」定義為認知上的錯謬信仰體系，而我在這章裡所談到的「深度偶像」則是動機目的和取向。

47. Joseph Frazier Wall, *Andrew Carnegie*《安德魯・卡內基》（暫譯）(Pittsburgh: University of Pittsburgh Press, 1989), pp. 224-225。被引用於 *The Wise Art of Giving Private Generosity and the Good Society*《明智的奉獻藝術：私人慷慨與良好社會》（暫譯）(Maclean, Va: Trinity Forum, 1996) 一書中的 "Andrew Carnegie"「安德魯・卡內基」篇，第 5-12 頁。

48. "Andrew Carnegie," *The Wise Art of Giving*《明智的奉獻藝術》（暫譯），pp. 5-26。

49. Annie Dillard, *An American Childhood*《美國童年》（暫譯）被引用在 *The Wise Art of Giving*《明智的奉獻藝術》（暫譯），pp. 3-48。

50. 聖經不把偶像看為假戀人或偽救主而是奴隸主。聖經洞悉被統治者和統治者之間的各種關係，不論是神亦或是人的互動關係，皆屬於一種盟約形式，人們與他們的統治者和神之間進入了一種盟約或合約的關係之中，他們與統治者兩者間都受到誓約的約束，必須履行合約中所同意的責任與義務。每一個盟約都包含祝福和咒詛（請參照申命記）。守約的人會得到特定的祝福，反之，毀約者得到的是咒詛。

因此，如果一個人將賺錢當成他生命的重心，不知不覺地，他就已經和賺錢一事立下一種偶像盟約，意思是金錢成了奴役他的主人，導致工作過度，甚至在道德原則上不按常規走，只為了賺錢，如果他的前途受到動搖，便會陷入一種極深而且無法自己補救的失敗感和罪咎感裡。原因無非是受到偶像的「咒詛」。因為他讓終極的「主人」失望了，而無法擺脫一種毫無用處的感覺，除非他為生命

找到另一個新的重心和新的「主人」，否則將永遠無法逃脫那種
被咒詛的感覺。

第四章

成功的誘惑

曇花一現的滿足

流行音樂教母——瑪丹娜用她自己的方式來形容成功的誘惑。

「我有一個如鋼鐵般的意志，而我把所有的意志全放在克服一種不完全的恐怖感覺⋯⋯當我克

服了它的魔咒後，就發現自己是個特別的人，隨後我又進入了另一個階段，開始認為自己既平庸又無趣……如此週而復始地反覆著。我人生的慾望就是想脫離這股平庸的恐懼，那個慾望總是不斷地逼迫我，縱然我已經很有名氣了，我仍必須證明『我真的相當有名』，我的掙扎從未停過，而且可能永遠都不會結束。」（註51）

對瑪丹娜而言，成功就像是毒品，給了她一絲重要性與價值感，但那個快感很快就消失了，於是她需要再來一劑。她必須反覆不停地證明自己，那在背後驅使的力量不是喜樂，而是懼怕。

在電影「火戰車」裡，主角之一是一位奧運的短跑選手，他對同樣的哲理有相當切實的表達。當人們問他為何而跑時，他說他不是因為愛跑步而跑，他說：「我比較像是個有毒癮的人……」後來在奧運會百米賽前，他感嘆地說：「滿足？我今年二十四歲，但從不知道什麼叫滿足！我永遠在追求，但卻不知道我究竟在追求什麼……我會抬起眼睛，朝那條四尺寬的跑道看過去，然後用孤單的十秒來

證明我存在的價值……但我可以嗎？」（註52）就在
電影導演席尼・波勒克（Sydney Pollack）過世
前不久，有一篇報導寫到他無法停下腳步與他所親
愛的人好好享受他最後幾年的生命。儘管他身體已
經不適，並且電影製作那種累垮人的過程使他更加
虛弱，但是他說：「我如果停下來，就不能證實自
己的存在。每次完成一部影片，我就覺得自己完成
了我該做的，賺到再多活一或二年的資格。」（註
53）但是，很快的，他隨後又開始從頭再來一遍。

　一位服務高層行政管理人員的諮商師瑪莉・貝
爾（Mary Bell）說：

　「成就是我們這個時代的酒精。」她繼續說：
「這年頭，最能幹的人不會濫用酒精，他們是濫用
自己的生命……你很成功，所以有很多好事發生，
你完成了一項計畫，覺得自己了不起，但是那個感
覺不會持續太久，於是你又掉回到正常的生活。你
心裡想：『我得開始另一項新計畫』，而這個想法
其實還算正常，但是你愛的其實是那種快感，所以
你想再感受一次，但問題是，你無法停留在那種快

感裡太久。假設你有一筆交易一直無法成交，你的自我形象就會出現危機，因為你把自我形象建立在外在的事物上，在這個循環裡，可以預期的是：你掉入痛苦的次數會越來越多，原來的快感似乎變得不再強烈，你可能會簽下一筆比之前錯失的交易更龐大的生意和數字，但卻不知怎麼地，這筆交易無法帶給你快感，下一次，你甚至無法回到正常，因為你滿心迫切地想贏得下一筆交易……『成就之癮』和其他種類的成癮事物，沒什麼兩樣。」（註54）

到最後，成就無法回答你想知道的那個大問題——我是誰？我生命的價值究竟是什麼？我要如何面對死亡？剛開始，成就會給人一個假象的答案，起初，霎時湧現的快樂，使我們以為已經達到了期望：被接納、被認同，也證明了自己，但是那種滿足感猶如曇花一現，很快就消失了。

成功的偶像

比起其他類的偶像，個人成功與成就，會導出

一種「以為自己就是神」的感覺，因為我們的保障
和價值彷彿是來自我們自身的智慧、實力和表現，
能在個人專業領域成為佼佼者，進而爬到頂尖的位
置，所顯示出來的就是：無人能出其右，而你是至
高無上的。

把成功當成偶像的一個特徵是：「假性的安全
感。」窮人和被社會排斥的人都不難理解人生就是
會受苦，他們知道在這地上就是「惡劣、殘酷，而
且短暫。」但是，成功人士對困難的出現，相較之
下就顯得相當驚訝，而且不知所措。身為牧師的我，
聽過不少上流階層的人在遇到困難時都會說：「人
生不該如此。」在牧養的期間，我從未在勞工階級
和窮人當中聽說過那樣的話。那種虛假的安全感就
來自於：我們把成就奉為假神，然後期待它能夠像
真神一樣，保護我們遠離人生的困難。

把成就當成偶像的另一個特徵就是：「它會扭
曲你對自己的觀感。」當你把成就當成個人最基本
的價值時，那就會膨脹你對自己能力的看法。曾經
有一位記者告訴我，當她陪同一位成就輝煌又富有

的企業家出席某個晚宴時，那位企業家主導了整晚的交談，而這位記者察覺，當晚幾乎沒有一個話題和他本身的財經專業有關：當他對室內設計、男女分校或哲學高談闊論時，他表現出一副自己也是個行家，也很有權威的模樣。如果你的成功對你而言，不單只是成功，也是你衡量個人價值的標準時，那個在你生命中的單一成就，將會讓你誤以為你在每個方面都是專家。這當然也會使你做出各種不好的選擇和決定，這種扭曲的自我價值，來自我們對現實的盲目，也就是聖經所提到，經常與拜偶像相隨的現象。（*詩篇 135：15-18；以西結書 36：22-36*）（**註55**）

不過，在生命中有成功偶像問題的主要特徵，是在於我們必須在自己選擇的領域上，持守着高峰的地位，不然就無法保有我們面對人生的自信。艾芙特（Chris Evert）是七〇年至八〇年間的一位頂尖的網球選手，她網球職涯的贏球率，破了歷年女子單打紀錄，但是，當她考慮退休時，她其實很驚恐。她對一位採訪記者說：

「我根本不認識自己，也不知道離開網球界後

將會如何,我沮喪也很害怕,因為我大部份的人生
都在扮演一個網球冠軍,我感到完全的失落,贏球
讓我覺得我是個重要人物,它讓我覺得自己很漂亮,
而那個感覺就像對毒品上癮般——我需要贏球、需
要掌聲,才有自我。」(註56)

我的一位朋友,曾經在事業上達到巔峰,卻因
為染上處方藥物的癮而被迫要離開他的工作,去接
受濫用藥物的復建。他一直期待自己要很有成效、
有動力、要樂觀並且傑出,卻因而對處方藥物染了
癮。但是他並沒有把自己的崩潰歸罪到別人對他的
要求上。他說:「我的人生建立在兩個前提上,第
一,藉著我的表現,我能夠掌控你對我的看法和認
同。第二,這就是我生命中唯一重要的事。」

倘若我們認為這種偶像崇拜只會發生在個人身
上,那就錯了。即使是一個產業的專業人士,也可
能會鍾情於他們的技術和政策甚至到迷戀的地步,
把它當作某種形式的救贖。科學家、社會學家、治
療學家和政治家會承認自己的能力有限,還是自我
聲稱為「救世主」呢?我們對於任何一項公共政策

或是科技發展，能夠解決多少人類的問題，都應該
抱著收歛謙遜的態度。

競爭的文化

現今的文化特別容易讓我們把成功變成一個假
神。在《漂泊的心靈》（The Homeless Mind）
一書中，彼得‧柏格（Peter Berger）指出，在傳
統文化裡，個人價值是用「尊榮」來衡量的，尊榮
是給那些在團體中，完成他們責任的人，無論是以
公民、父親、母親、老師或統治者的角色而存在的。
但是，現代社會屬於個人主義，其價值是以「尊嚴」
為基礎，所謂「尊嚴」便是個體有權發展各自的身
份與自我，可以免於一切社會賦予的角色或範疇。
（註57）現代社會對個人施予極大的壓力，要他們藉
著達到個人成就來證明自己的價值，當一個好公民
或是家庭份子不夠，你必須獲勝、達到巔峰，才足
以證明你是頂尖優秀的。

大衛‧布魯克司（David Brooks）在著作

《天堂路》（On Paradise Drive）中如此形容什
麼是他稱之為「童年的專業化」。打從孩童早期，
父母和學校所組成的聯盟，就製造了一個競爭的高
壓鍋，專門生產各方面都高人一等的學生。布魯克
司把此稱作「一具龐大的有機組織⋯⋯一個巨大的
『成就製造機』」，家庭不再是克里斯多夫・萊許
（Christopher Lasch）一度稱為「無情世界的避
風港」之處，也不再是一個在狗咬狗的世界中，能
給予些許平衡的地方。（註58）反之，家庭已經變成
培養對成功渴望的最初搖籃。

　　對高成就極度強調的現象，尤其讓年輕人付
出慘痛的代價。二〇〇九年春天，維克森林大學
（Wake Forest University）校長奈森・亥區
（Nathan Hatch）坦承，多年來許多教育家看到
了一個不均衡的現象，年輕人一股腦地擠進金融、
諮商、企業法務或專科醫療方面，為的只是這些專
業領域背後的高薪與成功光環。亥區說，當學生們
做這些選擇時，很少考量關於意義和目的方面的問
題，意思就是，當他們選擇職業時，所想的問題不

是「哪種工作可以幫助人們發達？」而是「哪種工作能讓『我』發達？」結果，因著工作缺乏滿足感而產生了高度沮喪。亥區希望二○○八至二○○九年的經濟衰退，會迫使許多學生能夠重新評估他們職業選擇的考量基礎。（註59）

如果整個文化都在積極鼓勵我們接受這個假神，那麼我們又該如何逃脫呢？

那位成功的死人

有一個人，在他所處的那個世代中，可算是個最成功、也最有權勢的人物之一，那就是在聖經列王紀下第五章所記述的乃縵。乃縵有一個稱為「夢想的人生」。他是亞蘭人（即今天的敘利亞）的元帥，同時也是相當於今日的一國首相，因為敘利亞國王曾在正式場合中「被他用手攙扶」（*列王紀下5：18*）。他不僅富有，還是個大能的勇士，受到高度的尊榮。但是這一切偉大的功勳和才幹，卻遇到了勁敵。

> 「亞蘭王的元帥乃縵在他主人面前為尊為大，因耶和華曾藉他使亞蘭人得勝；他又是大能的勇士，只是長了大痲瘋。」 列王紀下 5：1

請留意列王紀下的作者是如何堆疊乃縵的豐功偉業，卻突然話鋒一轉，說：乃縵儘管成就再多，也不過是個活死人罷了。「痲瘋病」在聖經裡，是一種包含各樣致命而且會使皮膚腐壞的疾病，它會讓患者漸漸癱瘓，身體慢慢毀壞，最後喪命。那個病名在當時所引起的反應就如同今天的「癌症」，乃縵的身體正經歷一種緩慢的爆裂，他的身體會先腫脹，接著他的皮膚和骨頭會裂開，會一片一片地剝落，讓他一點一點地死去。乃縵擁有一切：財富、活躍英勇的能力、民眾的擁戴，但是在這背後，他卻逐漸「瓦解」中。

追求成功的慾望背後，有一個主要的動機，就是希望打入「核心圈」。魯益師在他其中一篇著名的小品中，曾對這個主題寫下了深刻的見解：

「我不太相信所謂的世界，只是指以金錢、情

慾為導向的事物。即使加上野心，也形容得不夠完全。因為渴望成為圈內人，可以以不同的形式來表達……但是除此之外，如果我們沒有因而感受到一份隱私的親密感，總是覺得不夠滿足……只要你是受這種慾望所指使，你就永遠得不到你所要的……除非你去除那股置身局外的恐懼，你永遠會是個局外人……」

魯益師所謂的「一直當個圈外人（局外人）」，是什麼意思呢？乃緩擁有一切的名利地位，但卻是一個痲瘋病患。照理說，名利地位能使你做個完美的「圈內人」，進入最上流、最高級的社交圈以及核心圈內，然而，他那具傳染性的皮膚病卻叫他成了圈外人。他所有的成就沒有半點用處，因為那些不能克服他與社會的隔離，和情感上所經歷的絕望。

在此，乃緩的故事就像個隱喻。許多人追求成功，把它當成克服「圈外人」感覺的方法。相信只要他們能辦到，成功將會為他們敞開大門，他們可以進入俱樂部、社交圈、結識人脈廣泛且有影響力的人。他們認為最後自己會被所有相關的重要人士

所接納。成功所做出的保證，最終卻無法實現，乃
縵的痲瘋病陳述了真實狀況，成功無法給予我們所
期望得到的滿足，有許多非常成功的人表明他們仍
覺得自己像個「圈外人」，對自己仍然充滿懷疑。

找錯地方

> 「先前亞蘭人成群地出去，從以色列國擄了一個
> 小女子，這女子就服事了乃縵的妻。她對主母說：
> 巴不得我主人去見撒馬利亞的先知，必能治好他
> 的大痲瘋。」 列王紀下 5：2-3

乃縵的妻子有一個婢女，她提到以色列有個大
先知。於是在絕望之餘，緊抓著這最後一絲希望，
乃縵出發前往以色列，希望在以利沙那裡能有解藥。
他帶著「十他連得的銀子，六舍客勒的金子和十套
衣服」，還有一封敘利亞王寫給以色列王的御信，
上頭寫著：「我打發臣僕乃縵去見你，你接到這信，
就要治好他的大痲瘋」（列王紀下 5：5-6）。乃縵立刻

出發去見以色列王，把信連同金銀一併奉上。他認為以色列王看到了那些財寶和信，必定會命令先知給他解藥，然後他就能健健康康地回家。

藉著君王寫給另一位君王，如此重量級的推薦信，乃縵認為自己必定能得到醫治。他以為能用自己的成功來解決問題，乃縵不瞭解有些事情只有神才能辦到，小婢女早已告訴乃縵：只要「去見以色列的先知」，直接去見先知，然後向他求醫治就可以了。但是顯然這個建議不符合乃縵的世界觀，反之，他聚積了龐大的費用，然後動用最高層級的資源，拿到一封推薦信，帶著它們去見以色列的最高領袖——他們的王，沒想到，以色列的王反倒怒不可遏。

「以色列王看了信就撕裂衣服，說：我豈是神，能使人死使人活呢？這人竟打發人來，叫我治好他的大痲瘋。你們看一看，這人何以尋隙攻擊我呢？」列王紀下 5：7

乃縵和敍利亞王相信，在以色列宗教運作的方式，一定和當時所有國家以及今天許多的國家一樣，他們認為宗教是一種社會控制的形式，宗教的運作原則是：如果你做個好人，神明或神就一定要賜福給你，使你家畜興旺。因此，自然而然地，大家認為最靠近神的人，就是那些在社會上最有成就的人，只有他們才能從神那裡得到一切想要的。這就是為什麼傳統宗教總是讓人期待神明會透過成功人士來做事，而非圈外人或是失敗的人。那也是為什麼乃縵會選擇直接去找君王的原因。

只是沒想到，以色列王讀完信後，竟撕裂他的衣服。他知道敍利亞王不會瞭解以色列的神不一樣，而且他不能夠下命令叫乃縵得醫治。以色列的神不受控制，不接受賄絡或安撫，只有宗教的神會受控制——只要我們向它們付出辛勞和忠誠，它們就對我們負有義務。然而，以色列的神卻不能透過那種方式，凡祂所賜的都是一份恩典的禮物。

當以色列王大聲說著：「我豈是神？能使人死使人活呢？」他一針見血地說出乃縵的問題所在。

乃縵已經把成功當成偶像，他認為憑著他所有的成就，他就能帶著「成功的光環」見人，得到一切他需要的東西，但是，成就、金錢和權力並不能「使人死、使人活」。

多年來，我每次讀到這個故事就愈發欽佩乃縵，他確實是個高尚又成功的人。不過他的故事也說明了即便是全世界最高尚的人，也都不知道要如何尋見神的面，所以我們對乃縵也別太苛刻；他在幕後牽線、請託關係、利用金錢拉攏上層、逢迎重要的人物，都是使用這種方法，因此對神，他當然也是用同樣的手段。但是聖經的神是不一樣的。乃縵在尋找一位馴服的神，但這位神卻是無法被駕馭的！乃縵以為他要找的是一位可以受惠以致虧欠人的神，但這位神卻是滿有恩典，以致所有的人都欠了祂的債；乃縵在尋找一位私人的神，專屬指定人物的神，而不是屬於普世的神，然而，無論我們是否願意承認，這位神都是屬於全人類的神。

一件大事

> 「神人以利沙聽見以色列王撕裂衣服，就打發人
> 去見王，說：你為什麼撕了衣服呢？可使那人到
> 我這裡來，他就知道以色列中有先知了。於是，
> 乃縵帶著車馬到了以利沙的家，站在門前。」
> 列王紀下 5：8-9

乃縵前往以利沙的家，卻對所見所聞大大吃
驚。顯然，以利沙不只是漠視乃縵授予他的尊榮，
甚至連門也不應，先知僅僅打發他的僕人帶話給乃
縵。而第二個打擊則是來自於信息的本身。

> 「以利沙打發一個使者，對乃縵說：你去在約旦
> 河中沐浴七回，你的肉就必復原，而得潔淨。乃
> 縵卻發怒走了，說：我想他必定出來見我，站著
> 求告耶和華 --- 他 神的名，在患處以上搖手，
> 治好這大痲瘋。大馬士革的河亞罷拿和法珥法豈
> 不比以色列的一切水更好嗎？我在那裡沐浴不得
> 潔淨嗎？於是氣忿忿地轉身去了。他的僕人進前
> 來，對他說：我父啊，先知若吩咐你做一件大事，
> 你豈不做嗎？何況說你去沐浴而得潔淨呢？」
> 列王紀下 5：10-13

乃縵期待以利沙會把錢收下，然後施展某種魔法儀式，他心想就算以利沙沒有收錢，至少也會吩咐他去做「一件大事」好換取醫治吧！沒想到，以利沙竟然只要他去約旦河裡泡個七次？聽到這話，他大發雷霆。

為什麼呢？因為乃縵的世界觀再次受到衝擊。他現在才明白，這位神不是一個文化的衍生物，而是一個轉變文化的神，是一位不受人控制、至高至尊的主，如今他正面對著一位全憑恩典來處理人類問題的神。而上述兩種屬性正好吻合，沒有人能控制這位真神，因為沒有人可以賺取、配得或贏得祂的祝福和救恩。乃縵非常的憤怒，因為他以為他會被要求去做一件大事，例如從西方邪惡女巫手中，奪回那把掃帚，或是把那只能力之戒帶回死亡之山，那些才符合他的自我形象和世界觀。但是，以利沙的口信對他而言簡直就是個侮辱：「任何一個笨蛋或是小孩，都可以在約旦河裡戲水，那『根本不需要』有任何能力或才幹！」他自忖著。他的想法一

點也沒錯，那是一個人人都可以得到的救恩，無論
是好人或壞人、弱者或強者。

　　除非乃縵明白神是一位恩典的神，明白祂的救
恩不能賺取只憑領受，否則他會一直被他的偶像所
轄制，他會持續利用它們，期望賺得它們所無法給
予的安全感和意義。唯有認識神的恩典，才能看見
他一切的成就，其實全都是這位神的賞賜。沒錯，
乃縵的確也努力去獲得了他所有的成就，但那些都
是憑著神所賜給他的才幹、能力和機會，他這一生
都在倚靠神的恩典，只是他不明白而已。

　　「去沐浴」那個命令好困難，因為它太容易了。
如果照做，乃縵無疑是承認了他很無助、很軟弱，
而且必須接受這個免費的救恩。但是如果你想得到
神的恩典，你要承認的就是「你需要」，而且其他
的都不需要。但是，一般人很難有那種屬靈謙卑，
通常我們會到神面前說：「祢看看我所做的」或是
「看看我所遭受的」但是，神卻要我們看著祂，然
後，去沐浴就對了。

　　乃縵需要學會「放下他致命的作為」（Lay

his deadly doing down），這句話出自一首古老
的詩歌：

> 放下你致命的「作為」
> 放在耶穌腳前
> 在祂裡面站立
> 單單在祂裡面
> 榮耀無比的完美

受苦的小婢女

在聖經的每一處，作者們總是盡心地強調神的
恩典與赦免，領受者雖然不必付出，然而對賞賜者
來說，卻是付出了相當的代價。聖經從一開始就說
明，若沒有犧牲，神就無法赦免，沒有人在受到嚴
重傷害後還能夠「單單饒恕」那個加害者；如果有
人奪走了你的錢、機會或是快樂，你若不是叫那個
人償還，就是選擇饒恕他，但是當你饒恕，那就代
表「你」要獨自承擔所有的損失和債務。因此，所

有饒恕背後的代價都是昂貴的。（註60）

值得注意的是，聖經的故事經常提及這個基本原則。在這個故事中也是有個人必須懷著耐心與愛心去承受痛苦，好讓乃縵可以領受到他的祝福。我所指的是那位在故事中一閃而過，幾乎沒有人會注意到的角色，但是在某個角度而言，她卻是最重要的人物。這個人是誰？就是被敘利亞突擊隊抓走而成了乃縵妻子婢女的那個女孩。在最樂觀的情況下，她可能是在家人被抓後，才淪為奴隸；但是最糟糕的情景則有可能是：她眼睜睜目睹家人在她面前被殺。我們在故事中所認識的她，是一個在整個敘利亞社會最底層的外來邊緣人——一名奴隸、一個女子、一個大約只有十二至十四歲之間的年輕女性。簡單來說，她的人生被徹底地毀了，而那是誰的責任？無疑是軍隊最高指揮官——陸軍元帥乃縵。然而當她聽到她的仇家患了大痲瘋，她的反應是如何呢？

如果我們全心專注地想到達頂端，卻發現自己其實是站在階梯的最底部，這會叫人變得相當憤世

嫉俗又苦毒，我們會處心積慮去環顧四周，將自己的過失全部歸咎到他人的身上，甚至有可能會去思索該如何報仇。但是，這個小婢女並沒有掉進那個陷阱裡，她沒有說：「哈，大痲瘋！我看到他今天又掉一根手指頭了！噢，我一定要在他的墳墓上跳舞！」沒有，完全沒有。你聽聽她所說的：「巴不得我主人去見先知。」那些話充滿著同情和關懷，她肯定很想減輕他的痛苦、救他一命。但是她實在沒有任何理由，需要告訴他有關先知的事情，仔細想想，乃縵的生死現在就掌握在她手裡，如果她刻意隱瞞如何能使乃縵獲救的方法，讓他飽受折磨、痛苦至極，如此一來就能讓他為自己所犯的罪付上代價，過去他曾加害於她，如今是她扳回一成的大好機會。

但是，她卻沒這麼做。聖經這位無名女英雄沒有選擇向乃縵報復，以減輕她的痛苦，她所做的，也是整本聖經教導我們的：她沒有找機會報仇，而是相信神是一切的審判官。她饒恕他，而且成為他得醫治和救恩的管道。她信靠神並且以耐心承受自

己的痛苦。正如英國傳道人迪克・盧卡司（Dick
Lucas）所描述的：「為了要讓自己的生命活得有
用，而付上代價。」她忍受痛苦也選擇饒恕，即使
她還不甚清楚神要如何使用她的犧牲。（註61）

受苦的大僕人

「饒恕總需要一位受苦的僕人」，這個聖經主
題在耶穌的身上，我們看到了最完整的演繹。祂應
驗了那個預言，成為一個受苦的僕人，來到世上救
贖這世界（*以賽亞書53章*）。雖然祂曾和祂的父同享喜
樂和榮耀，如今卻喪失一切。祂成了一個人、一個
僕人，遭鞭打、被俘虜、甚至喪命。當祂從十字架
上往下看那幫所謂的朋友時，有些不認祂、有些出
賣祂，而且所有人都離棄祂，祂付上了代價，祂赦
免他們，並且為他們死在十字架上。我們看見神在
十字架上所做的，那就是我們在饒恕時都必須付出
的至高標準。在那裡，神自己承擔了罪的懲罰與債，
正因為祂付出了代價，所以我們不必承受。

山寨版的上帝
Counterfeit Gods

　　單靠苛責自己對成功的崇拜，是無法脫離成功偶像的。一九九〇年代末期，在網路交易公司垮台與二〇〇一年的九一一事件發生之前，海倫・魯賓（Helen Rubin）曾在《快公司》雜誌（Fast Company）的一篇專欄裡，揭露了整個社會過度強調成功與物質主義的狀況：

　　「令我們著迷的所有話題中……成功是使我們扯出最多謊言的一個，成功和它的表哥——金錢，會給我們保障；成功和它的表姐——權力，會把我們變成重要人士；成功和它的表弟——名氣，會帶給我們快樂。該是說實話的時候了！為什麼我們這世代最聰明、最有才幹和最成功的人都在玩數字遊戲呢？人們用盡一切方法去獲得金錢、權力和榮譽，最後卻是自我毀滅。或許，他們從一開始要的就不是這些東西，又或者，當他們終於得到時，卻不喜歡他們所見到的。」（註62）

　　在這篇專欄登出不久之後，因著二千年至二〇〇一年間的輕微經濟衰退，開始出現了很多聲音，感歎於我們文化對成功的著迷，什麼時候我們

才會明白，我們已經把成功和它的「表親們」化成
我們社會的神了？接著，二○○一年九一一攻擊事
件發生，於是媒體宣布這是「諷刺的結局」，人人
都說我們應該回到更傳統的價值觀，例如：辛勤工
作、適度的期待以及延遲的享樂。但是那些事情，
卻一件也沒發生；二○○八年至二○○九年間，全
球經濟垮台再度證明，我們的文化又回到了它所沉
迷的東西。

　　「成功」這個偶像不能只是被趕走，而是需要
被取代。人心或許能克服對一個獨特名貴之物的渴
望，但是對於擁有「某些」這類事物的需求，卻是
無法壓抑的。（註63）我們一心想著要做「某件大事」
才能治癒我們那個不完全的感覺，才能找到人生的
意義，但是我們該如何破除這種想法呢？唯有看見
耶穌——我們受苦的大僕人，所為我們付出的，我
們才能瞭解為什麼神的救恩，是不要求我們做「某
件大事」，因為耶穌已經做了，所以我們只要「沐
浴」就夠了，祂全都為我們做了，而且祂愛我們，
如此一來，我們便曉得我們的生命得以稱義。當我

們用理性去相信祂為我們成就的，並在心裡為祂所
做的而感動時，就會開始消滅那個癮頭——那個為
了成功而不計代價的需求。

偶像崇拜的結局

乃縵謙卑自己去了約旦河，結果令人非常吃
驚。

> 「於是乃縵下去，照著神人的話，在約旦河裡沐
> 浴七回；他的肉復原，好像小孩子的肉，他就
> 潔淨了。乃縵帶著一切跟隨他的人，回到神人那
> 裡，站在他面前，說：如今我知道，除了以色列
> 之外，普天下沒有神。現在求你收點僕人的禮
> 物。以利沙說：我指著所事奉永生的耶和華起誓，
> 我必不受。乃縵再三地求他，他卻不受。」 列
> 王紀下 5：14-16

聖經中的救恩，對我們所崇拜的成功，展開了
全方位的攻擊。乃縵為了痊愈，必須先接受一個婢
女的建議，然後透過以利沙僕人的傳話，最後是他
自己僕人所說的話。在當時，這些人從高官貴族們

所受到的待遇，就和一隻寵物或是一頭馱獸沒什麼
兩樣。但是神卻透過他們來傳達祂救贖的信息，解
答不是出於王宮，而是來自那幫奴僕！這個主題的
最終例子，當然是耶穌基督自己。祂沒有降世在羅
馬、亞歷山大港或是中國，而是在那個荒僻的殖民
地；祂沒有出生在王宮裡，而是降生在一個馬廄的
馬槽中。

莫在宮廷或皇宮尋找

也不在華麗的帷幕背後

但在馬廄，見到你的神

臥在稻草上

威廉‧白靈（William Billings）

在耶穌服事的期間，門徒們不斷問他：「祢什
麼時候才要採取行動？祢什麼時候才可以不再接近
那些市井小民？祢什麼時候才要開始建立網絡，開
始募資呢？祢什麼時候才要出來參選？第一次初選

會在什麼時候？我們的首次電視特別專訪在什麼時候？」然而，耶穌卻是選擇謙卑地服事，結果祂遭受逼迫、最後被殺。甚至當耶穌從死裡復活之後，首先是向婦女顯現，她們在當時社會中是沒有任何地位的。耶穌的救恩不是憑個人能力而領受的，乃是憑著承認個人的軟弱和需要；耶穌的救恩，也不是透過個人力量來達成的，乃是透過順服、事奉、犧牲和死亡。這是聖經其中一個偉大的信息：「神揀選世上軟弱的，叫那強壯的羞愧，又揀選了世上愚拙的，被人厭惡的，叫那智慧的羞愧，甚至叫那無有的，為要廢掉那有的。」（哥林多前書 1：29-31）這就是神的做法。

註解

51. Lynn Hirshberg, "The Misfit"「不稱職」（暫譯），*Vanity Fair* 《名利場》, April 1991, Volume 54, Issue 4, pp. 160-169, 196-202。

52. 本·克羅斯（Ben Cross），所飾演的 1924 年奧運短跑金牌得主哈羅德·亞伯拉罕（Harold Abrahams），在片中說了內文所引用的這段話。若把這些動機全歸功於哈羅德·亞伯拉罕，當然有失公平，然而，編劇卻完美地描繪出許多野心勃勃、以成功為導向之人的內心世界。

53. 詳見網址 http://www.contactmusic.com/new/xmlfeed. nsf/mndwebpages/pollackmoviesjustifymyexistence （2009/3/28）。

54. 取自 Harriot Rubin 之 "Success and Excess"「成功與過分」（暫譯）。這是 2009 年三月 28 日之網路版本，可見於 http:// www.fastcompany.com/node/35583/print。

55. 參考有關此主題的研討書目。Edward P. Meadors, *Idolatry and the Hardening of the Heart* 《偶像崇拜與心靈剛硬》（暫譯）(London and New York: T and T Clark，2006)。

56. *Good Housekeeping* 《好管家》（英文版），October 1990, pp. 87-88。

57. Peter L. Berger, Brigitte Berger, Hansfield Kellner,

The Homeless Mind: Modernization and Consciousness
《飄泊的心靈：現代化與人的意識》（暫譯）(New York: Penguin, 1974)，p.89。

58. David Brooks and Christopher Lasch 的引言皆取自 Nathan O. Hatch 之 "Renewing the Wellsprings of Responsibility"「責任源頭的更新」（暫譯）於 2009 年三月 12 日對印地安那波里獨立大學院校議會所做的演說。

59. Nathan O. Hatch, "Renewing the Wellsprings of Responsibility"「責任源頭的更新」（暫譯）。

60. 有關此論證之更多敘述，可參考 Timothy Keller 著，吳岱環譯《我為什麼相信？》（大田出版社，2010）「十字架」一章。

61. 我們不應從這個小婢女饒恕她主人的故事，就妄下推論，認為我們要消極地屈服於壓制之下和接受不公義的行為。聖經對於饒恕和尋求公平正義的態度不是互不相容，乃是互補的。Miroslave Volf 在他所著，王湘琪譯《擁抱神學》（校園書房出版社，2007）與吳震環譯《記憶的力量—在錯誤世界邁向盼望》（校園書房出版社，2012）書中特別強調，尋求真正的公平正義之前，必須先饒恕壓迫者。如果你不能做到內心的饒恕，就會尋求極度的個人報復，而非真實的公平正義，諷刺的結果便是：你仍舊活在壓制底下。你會被捲入一個永無止盡的極端報復漩窩裡。即使是在沒有實際暴力行為的一種純粹不公平關係中，除非你先在心裡饒恕對方，否則就無法勇敢地面對犯錯的人，並且無法適當的糾正他。

如果你不饒恕犯錯的人，就會在對質時，越過界線，那麼你尋求的不再是公平或改變，而是予以打擊、傷害。你的需求將變得相當極端，而態度也會充滿叫囂謾罵；犯錯者僅會把你的對質視為蓄意傷害，一個報復的循環便會因此展開。故此，唯有先放棄並看見對方所受的傷，才能有機會看見真實的公平正義，得到改變和醫

治。

62. 這取自於 Harriet Rubin 之 "Success Excess"「成功與過分」
（暫譯）的開場白。出處來自 1998 年十月 Fast Company 的報
刊版，此篇文章已經重新修訂，最新版本刊登於網路上。

63. 這段總結取自於十九世紀知名蘇格蘭傳道人 Thomas Chalm-
ers 的 著 名 講 道，"The Expulsive Power of New Affec-
tion"「新愛的排拒能力」（暫譯）網路有許多處刊登。意即：「男
孩終舊無法拒絕成為食慾的奴隸，但是他對男子氣概的嚮往卻讓
食慾退至次要位置。年輕人之所以不再耽迷於享樂之中，是因為
財富的偶像取得了更強勢的地位。甚至許多成功老百姓心中所喜
愛的金錢，也失去了它的控制性，因為沈浸在都市政策的旋風之
中，當另一種熱衷之事崁入他的道德系統之中時，如今控制他的，
是對權力的戀慕。這些內心轉變所不可或缺的，是某件內心熱衷
的事物，先前對一個事物的渴望或許被另一個事物取而代之；但
是，對事物的渴望卻是一直都存在，永遠無法征服它們的控制。」

第五章

權能與榮耀

一個著魔的世界

就在歐洲加入二次世界大戰前不久，荷蘭籍史
學家約翰・胡辛卡（Johan Huizinga）寫道：「我
們活在一個著魔的世界，而且我們心知肚明。」（註
64）納粹宣稱要促進更宏大的愛國情操與同胞愛，

但是當他們在追求這偉大的精神時，「愛國」竟然轉而變成邪惡且具毀滅性的情操。以致於最後納粹的所作所為，和起初它所要追求的大相逕庭：結局是無盡的羞愧，而非國家的榮譽。

一七九四年，法國革命領袖羅伯斯比爾（Maximilien Robespierre）曾在全國代表大會說：「我們正在朝什麼目標前進？是和平的享受自由與平等……所謂『恐怖統治』就是迅速、嚴苛、和不屈不饒正義的化身。」（註65）他的「恐怖統治」一說，內容極為「不公」，結果連他自己也成了代罪羔羊，沒有經過任何審判就上了斷頭台。「自由與平等」當然是很美好的事物，但是同樣出現了嚴重的問題：起初高尚的情操，最後「著魔」、變得瘋狂，導致最終所實現的，完全與那些革命家所要追求的正義背道而馳。

這是怎麼回事呢？無非就是「偶像崇拜」，一旦同胞愛變成絕對且唯一的，那就成了種族歧視；一旦對平等的熱愛，變成一項至高無上的原則，就會對那些享有特權生活的人產生憎惡和暴力行為。

人類社會潛在的傾向是把原本美好的政治理想，化
為假神。先前所提到爾尼斯·貝克在他的著作中表
示：許多人在一個已經失去神的社會裡，會藉由愛
情來找回他們曾經在宗教經歷中所擁有的滿足感；
尼采則是認為：金錢才是取代神的東西。不過，還
有另一樣東西也會被用來填補這個靈裡的空虛——
政治。我們會把政治領袖視為「彌賽亞」，把政治
理想當成救贖信條，並且把政治活動變成了某種信
仰。

政治偶像的徵兆

使某件事物轉變為偶像的徵兆之一，就是讓恐
懼成了生命中最主要的表現。當我們把生命的重心
放在偶像上，就會對它產生倚賴，如果我們的假神
受到任何威脅，我們就會變得慌張無措。我們不會
說：「真可惜，真的很困難。」反倒會說「完了！
這下真的完了！」

這或許就是許多人現在對美國的政治趨向，有

山寨版的上帝
Counterfeit Gods

如此兩極化反應的原因。無論哪一黨勝選，落選的
那一黨就會有一些人公開表示他們要離開美國，對
未來變得既焦慮又害怕，他們將那種原是對神及福
音工作應有的盼望，寄情於政治領袖與政策上，一
旦他們的政治領袖失去政權，他們就會猶如喪失性
命般，深信如果「他們的」政策和黨員不能執政，
整個國家就毀了；他們不願承認自己和另一黨在很
多理念上是一致的，反而一昧地把焦點放在那些分
歧的理念上，相互的爭論使其他事情變得不再重要，
而製造出一個惡毒的環境。

政治偶像的另一個徵兆，是把對手的單純錯
誤，當成一種邪惡行徑。在前一次的總統大選結束
後，我那八十四歲高齡的母親有感而發地說：「以
前不管最後是誰當選總統，即使不是你投票的那一
位當選，但他仍然是你的總統。但是現在好像已不
再是這樣了。」每次選舉結束後，都有相當可觀的
人數認為：即將上任的總統缺乏道德上的合法性。
我們在美國政壇所見，與日俱增的政治分化與苦毒，
在在顯出我們已經把政治激進主義變成了宗教信

仰。拜偶像是如何造成恐懼並且讓我們把其他事物
視為魔鬼的呢？

　　荷蘭裔加拿大籍的哲學家，艾爾‧沃特司（Al
Wolters）曾教導，從聖經的觀點來說，生命中最
主要的問題是罪，而神和祂的恩典是唯一的解答；
但是取而代之的觀點卻認定：罪以外的他物才是這
世界的主要問題，而解救也在神以外。這種觀點是
把一件沒有完全敗壞的事物視為魔鬼，又把一件不
盡然全然良善的事物當成了偶像。沃特司寫道：

　　「最大的危險就是：我們把神美好創造中的某
些部份或現象，誤認成在人生劇本中的惡棍，並且
沒有看出罪的侵擾才是真正的問題。而被誤認的「某
物」則包括肉體和情慾（柏拉圖和許多希臘的哲學
思想）、文化與大自然的對比（盧梭和浪漫主義）、
政府和家庭的制度性權威（多屬深層心理學）、科
技和管理技術（海德格和艾呂爾）……聖經獨特之
處是在於——它毫不妥協地摒棄一切試圖把任何受
造物視為惡棍或救世主的企圖。」（註66）

　　這解釋了在政治上為何有那誇大希望與理想破

滅的不變循環、為何有越來越惡毒的政治對話，以及為何所屬政黨失去政權時，會帶出不對等的恐懼和絕望。但是「為什麼」我們會把政治事業和理念奉若神明，又把它們看成是魔鬼？雷茵霍爾德‧尼布爾（Reinhold Niebuhr）對此回答：「在政治偶像崇拜裡，我們將握有權力這件事當成了神明。」

權力的偶像崇拜

雷茵霍爾德‧尼布爾是二十世紀中期著名的美國神學家。他認為所有人類都在一種依賴感和無力感中掙扎。伊甸園中最初的誘惑是要我們厭棄神放在我們身上的限制（「只是分別善惡樹上的果子，你不可吃…」*創世記 2：17*），期望藉著掌握自己的人生而能夠「像神」。當我們落入了這個誘惑之後，它便成了天性的一部份，演變成與其去接受我們的有限和對神的倚靠，倒不如迫切地去尋找一些方法來為自己擔保，以表示我們仍然握有自己人生的主導權。然而這卻是一個假象，尼布爾認為因著這個

巨大的危機感而產生了一種「對權力的渴求」，這
個渴望正支配著我們的人際和政治關係（註67）首先，
尼布爾認為以自己的同胞為傲是一件好事，不過一
旦一國的勢力和繁榮被放大成無限絕對的事物，此
時，必定會伴隨著暴力和非正義的行為。（註68）荷
蘭學者包勃·古茲華（Bob Goudzwaard）這麼說：

「……為著結局，任何一種手段都是可行
的……因此，若一個國家為了物質繁榮的目標，而
容許破壞自然環境、傷害毀謗個人或是某些階層的
人，那麼這個目標就變成了偶像；當國家為了軍事
安全考量，而容許自由言論權利或司法程序的廢除，
或是傷害少數族群時，那這個最終的目的就成了偶
像。」（註69）

尼布爾認為國家相同於個人，都有其「自我意
識」，民族文化也會有優越感與自卑感這兩種情結。
拿前者的例子來說，美國以「自由國度」為傲，但
是自詡的驕傲自我形象，卻使多數的人看不見自己
對非裔美國人其實懷著偽善的種族歧視。社會同樣
可以發展出一種由自卑感轉變成好戰、好鬥的形態，

山寨版的上帝
Counterfeit Gods

尼布爾在一九四一年撰寫這本書時，正巧使用德國納粹作為「權利偶像」崇拜的最佳例證：「在第一次世界大戰結束後，德國因著蒙受的羞辱，使得整個社會急切地想向全世界證明它的實力與優越。」（註70）

到底一件事物只是有價值還是有絕對價值，是不容易釐清的；同樣的，想要分辨愛國主義是否已經越線變成種族歧視、壓制和帝國主義，也沒有確切的方法。但是卻沒有人會否認，各個國家經常會在這一點上跌倒。嘲笑所有的愛國主義，彷彿它本身很邪惡，其實於事無補，如同我們一路所見，偶像往往就是由那些美好而且必需的事物所變為的假神。針對此點，魯益師有非常智慧的見解：

「我們不可以說我們裡頭的衝動有些是好的，例如母愛或愛國，其他的是壞的，例如性的衝動或打鬥……有時候，結了婚的男人為盡對妻子的義務，得提升一下性慾；當兵的人有時候也得提高他打鬥的本能。可是，也會遇到一些情況，母親對自己子女之愛，和一個人對自己國家之愛，得稍加壓抑，

否則會對他人的子女或國家不公道。」（註 71）

把一個哲理變成偶像

尼布爾發現「對權力的渴求」有另一種表現形態：即救贖的核心不再是人民，反而是政治哲理。當政治變成一種「意識形態」時，問題就會隨之產生。

「意識形態」指的是關於一個議題的一致性觀點，但是它通常也蘊涵著某種負面的意思，因為它和它的表親「偶像崇拜」非常近似。意識形態就如同一個偶像，是一種有限、不完整的事實，但卻被高舉為對一切事物的終極標準，理論家們認為他們的學院或黨派，對於社會問題擁有真正而且完整的答案，最重要的是，意識形態會對它們的追隨者隱藏起本該對神的倚靠。（註 72）

最近的失敗主流意識形態例子，就是共產主義。將近有一百年的時間，許多西方思想家一直對所謂「科學社會主義」寄予極高的盼望，但是自第

山寨版的上帝
Counterfeit Gods

二次世界大戰結束至一九八九年的柏林圍牆倒塌後，那些信念徹底地瓦解。C.E.M. 喬德（C.E.M. Joad）是英國不可知論派的主要哲學家，他在二次世戰後回歸基督教信仰，在他的書《暫譯：重拾信仰》（The Recoveryof Belief）之中，他說：

「馬克思主義所暗示的邪惡觀點，被蕭伯納具體地陳述，也被現代的心理療法支持，其觀點認為一切邪惡都是環境的副產品，所以可以被環境改變和除滅。但是『鑒於第二次世界大戰以及納粹與史達林』的殘暴行為，這觀點已成為難以被接受的膚淺想法……因為我們拒絕了原罪的基本教義，以致於左派人士一次又一次為真實社會主義的失敗、各國與其政治人物的行為、和不斷發生的戰爭感到失望。」（註 73）

這段期間有不少重要的書籍出版了，其中一本是由幾位理想破滅的共產主義者和社會主義者共同撰寫而成的。包括亞瑟‧葛司勒（Arthur Koestler）與安得烈‧蓋得（Andre Gide），其書名為《破滅了的信心》（註 74）。這個書名一目了然，內

容在講述政治意識形態如何做出絕對性的承諾，並
且要求個人全然的獻身。

在社會主義瓦解的覺醒之下，鐘擺搖盪至另一
端，張開雙臂去擁抱自由市場的資本主義，認為它
就是解決一再出現的貧窮與無正義的最佳方式。許
多人會說，這是今天最新的統治意識形態，確實！
在所有現代資本主義的原始文獻中，其中有一論點
是亞當‧史密斯（Adam Smith）的《國富論》，
它似乎把自由市場奉為神明，辯稱市場就是一隻「無
形的手」，只要它能自由駕馭，自然就會驅使人類
行為朝著對社會最有益的方向發展，不需要倚賴神
或任何的道德規範。（註75）雖然現在有點言之過
早，然而有鑒於二〇〇八至二〇〇九年的金融大海
嘯，實在難保資本主義不會像上個世代的社會主義
一般，背叛了人類的期待。現在有一波潮流的書籍，
都在揭露近期市場資本主義的思想體系，無論是通
俗作家（註76）或是學術派（註77），世俗的（註78）或
宗教的（註79）。甚至有跟「失敗之神」類似主題的
書籍……畢竟自由市場如今已被視為如神一般，具

有使我們快樂並且自由的能力。（註80）

尼布爾說，人類思想總會習慣去把「某個」有限的價值或物體昇華成唯一的解答。（註81）如此一來，我們就會認為要靠自己才能解決問題，凡是跟我們唱反調的，不是愚夫就是壞蛋；但是就像所有的偶像崇拜一樣，我們也被這種想法給蒙蔽了。在馬克思主義裡，強大的政府才是救世主，而資本主義全是妖魔鬼怪；但是在保守經濟思想裡，自由市場和競爭才能解決我們的問題。因此，自由主義派和政府都變成了一個快樂社會的公敵。

但是真相卻非如此簡單，高額的累進稅制會產生一種不公平的現象，即那些辛勤工作卻沒有得到應有報酬的百姓，反而要被課徵高額的稅金；反之，一個低稅賦制和低福利的社會，則會製造出另一種不同的不公平，那些在家裡能夠負擔良好醫療照護與精英教育中成長的孩子們，比起其他孩子顯然會有更多更好的機會。簡單來說，理論家們不願意去承認，「任何一種」政治方案，總會有它非常負面的後果，並且他們也不願意去承認：他們的對手確

實也有一些不錯的想法。

如果一個社會幾乎看不見任何有關神的蹤影，那麼「性、金錢、政治」就會全面佔據不同人的內心空間。這就是為什麼我們的政治對話會漸漸變為一種意識形態，並且極端化。許多人認為現今苦毒的公開對話，是因為缺少兩黨合作的關係，但是其實真正的根源遠比這個要深得多。尼布爾曾講述，我們必須要回到世界的起初、回到我們離開神的那刻、回到我們發狂似的努力，企圖要遮掩我們那無比赤裸感以及無盡軟弱的當時，解決所有狀況的唯一方法是：醫治我們與神的關係。

聖經為我們記載了一個如上述那般、戲劇化十足的醫治故事。這個故事是一個男人因著企圖統治的意念，驅使他變成了全世界最有權力的男人。

沒有安全感的國王

基督降生前第六世紀，巴比倫帝國崛起，並從亞述與埃及兩大國家手中奪下統治世界的地位。不

久，它隨即侵略猶大國，佔領了耶路撒冷，將以色列專業的階層人士，包括：軍事將領、藝術家和學者，全部外放至巴比倫國境內。最終，大半的已知世界全在巴比倫國王兼指揮官——尼布甲尼撒王的統治底下。然而在聖經的但以理書第二章中，我們卻看到這位全世界最有權力的男人，竟然輾轉難眠。

> 「尼布甲尼撒在位第二年，他做了夢，心裡煩亂，不能睡覺。王吩咐人將術士、用法術的、行邪術的，和迦勒底人召來，要他們將王的夢告訴王，他們就來站在王前。王對他們說：我做了一夢，心裡煩亂，要知道這是什麼夢。」 但以理書 2：1-3

尼布甲尼撒被這個夢搞得心神不寧。他的夢是關於一座高大的像，而那或許是他的希望，期待世界能對他投射出如此的形象——「一個堅不可摧的巨人，屹立世界之上。」（註82）但是這個像卻有著「泥做的腳」，而且最後全都被砸得粉碎。他全身冒冷汗地從夢中驚醒，難道這意味著他的王國將會

倒塌？或者將會有某人要用他所隱藏的弱點來剝削他？

　　對權力有強烈野心的人多半處於焦慮和恐懼的狀態下。尼布爾認為恐懼和焦慮是叫人追求政治權力的主因，（註83）不過，即使恐懼不是追求權力的原因，它也幾乎都是伴隨著權力而出現。凡是握有權力的人都知道，他們是所有人嫉妒的對象，也是對手隨時的靶心。一個人爬得越高，重摔的可能性也越大，因為他們失去的東西可能會更多。當馬多夫（Bernard Madoff）因設下價值六百五十億美金的龐茲騙局，被判服刑一百五十年後，他公開表明：這一切都歸罪於自己的驕傲。東窗事發之前，他曾經有一年的機會，可以將這些驚人的財損據實秉告，但他卻無法「以一位理財經理人的身份來面對自己的失敗。」（註84）他無法接受一旦據實以告之後，所造成的權力與名譽損失。當他開始以龐茲騙局來隱藏他的弱點時，隨著騙局逐漸擴大，他「無法承認自己在判斷上的失誤」，總認為自己一定能「想出解決方法。」（註85）

權力出自恐懼，却也因而製造出更多的恐懼。尼布甲尼撒的夢境把他的不安感逼上了檯面，這令他感到極度的不自在，因為強勢的人通常無法承認自身的軟弱。

沒有權力的恐懼

尼布甲尼撒正是尼布爾在他書中《暫譯：人的本性與命運》（The Nature and Destiny of Man）提到有關罪、政治和權力的最典型案例。在「人類是罪人」的章節中，尼布爾主張「人類沒有安全感⋯而且他試圖取得權力，藉以克服他的不安⋯卻又佯裝他不受任何的限制。」（註86）人類對自己生命所能掌握的其實非常少，能讓生命持續運轉的機制，有百分之九十五是不在自己的控制之下，包括：出生的世紀和地點、父母和家人、成長環境、體型和與生俱來的天分以及大部份所遭遇的狀況。簡單來說，我們所具備以及擁有的，都是神賜予的；我們不是無所不能的造物主，乃是有限並且依賴的

受造物。

英國詩人亨利（W. E. Henley）在少年時期
有一條腿必須被截肢，但是他卻沒有因著身體的缺
陷而被打倒，反而努力成為一名評論家和作者。年
紀輕輕的亨利大膽寫出其著名的作品《打不倒的勇
者》（拉丁原文書名：Invictus），亦是「不可征
服的」。

無論城門多麼狹窄

無論卷軸上寫著多少判決

我仍是我命運的主人

我仍是我靈魂的主宰

尼布爾指出，這根本是一個過分誇大的認知，
一個受到「驕傲之罪侵襲」以致真相扭曲的觀點。
（註 87）沒有人會去低估學習克服人生阻礙的重要
性，但是亨利的文學天賦卻是與生俱來的，若他的
智能低於一般水平，若是他出生在不同家庭和社交

圈，那麼他成功的機會可能微乎其微。亨利所面臨的結局類似於尼布甲尼撒的經歷：當他五歲的女兒喪命時，這個使他再也無法恢復的打擊，迫使他必須面對自己的軟弱無力。他是一個能力有限的人類，卻生活在一個不認輸的世界裡。

如果尼布爾的論點正確——人類對於軟弱無力的恐懼感是來自與神的疏離，那麼，想必他們會企圖想出更多的方法來解決他們的恐懼，而不單只有政治或政府而已。權力偶像是一種「深層偶像」，它會透過許多不同的「表層」偶像表現出來。（註88）我在大學時期認識一個男孩，他在接受基督之前，到處玩弄女性，搞得聲名狼藉；他固定的模式是先把一個女人釣上手後和她發生關係，等到失去興致之後，就立刻找下一個女人。而他在接受基督信仰之後，便立刻揚棄他以前荒唐的性關係，開始在基督徒的事奉裡活躍，但是，他深層的偶像卻一直沒有改變——在每個查經班或讀書會裡，詹姆斯總會辯論不休，也愛指使人，即使這場聚會並沒有指派他作為負責人，他仍然要主導一切；每當他談

起剛得到的信仰或在面對懷疑的人時，他的言辭會
非常地傷人而且嚴厲，最後，很明顯地可以看出他
的思想和價值，根本沒有轉換到基督身上，他的重
心依然是放在一種企圖控制別人的權力上，因為只
有得著那個東西，才會讓他覺得自己是活著的。詹
姆斯想和那些女人上床，並不是因為她們有魅力，
而是想從中去得到一種主導的力量去證明：沒有他
得不到的女人。所以在得逞之後，他就會很快地對
她們失去了興趣；相對的，他想要投入服事的原因，
也不是因為他想要服事神和人，而是出於他要知道：
他是正確的並且擁有真理的那股力量。詹姆斯的權
力偶像一開始是用性的形式表現，後來便轉為宗教
性的，而權力偶像把自己掩飾得很好。

　　權力偶像不是只會出現在有權勢的人身上。你
可以追求較小型、低階方式的權力，例如：成為一
個社區的惡霸，或是當一個低階層的官僚，對所管
轄的人員成天呼來喚去。權力偶像無所不在，那麼
治癒的方法又是什麼呢？

受到懲罰的國王

尼布甲尼撒的哲士們，沒有一個能解出他的夢。終於，一名在王宮侍奉的官員，一個流亡的猶太人，名叫但以理的人出現了。雖然尼布甲尼撒還沒有說明他的夢，但是藉著神的大能，但以理可以說出王所做的夢。接著他開始解說那個夢境的意義。

> 「王啊，你夢見一個大像，這像甚高，極其光耀，站在你面前，形狀甚是可怕。這像的頭是精金的，胸膛和膀臂是銀的，肚腹和腰是銅的，腿是鐵的，腳是半鐵半泥的。你觀看，見有一塊非人手鑿出來的石頭打在這像半鐵半泥的腳上，把腳砸碎；於是金、銀、銅、鐵、泥都一同砸得粉碎，誠如夏天禾場上的糠秕，被風吹散，無處可尋。打碎這像的石頭變成一座大山，充滿天下。」
> 但以理書第 2：31-35

那尊像代表地上的萬國，它的形狀是個巨大的偶像，預表了人類對權力和成就的偶像化，這包含了人類的文明——商業貿易、文化、規章條例和權力，是人類用來對自己歌功頌揚的形式；粉碎那尊偶像的是一顆石頭，這顆石頭和偶像的材料完全不同，它「不是人手鑿出來的」，乃是從神而來的。

雖然石頭不比製造偶像的各種材料來得貴重，但它
卻是最終強大的因素。它如同但以理所說的——是
神的國（*但以理書 2：44*），有一天神必要把它建立在地
上。

　　那個夢是一個對謙卑的呼喚。縱然環境往往看
似偏袒暴君那一方，但最終神還是會擊倒他們，無
論是透過漸進或戲劇化的方式。（註 89）凡是在位掌
權的人都該明白：權力不是靠自己的力量，而是從
神而來，所有人類的權位，至終都會瓦解。

　　尼布甲尼撒正在面臨要他改變對神觀點的狀
況。身為一個異教徒，他的信仰是多神論的，認為
世界上有很多的神和超自然的力量，他從不相信有
一位神是至高無上、全能的立法者，也不認為所有
人都必須向祂負責，包括他自己。然而現在卻有人
告訴他，在這世上只有一位至高的神在治理並審判
全地，並且要他為「如何使用權力」的這件事，向
神負責。

　　尼布甲尼撒接受了這個信息。

> 「當時,尼布甲尼撒王俯伏在地,向但以理下
> 拜,並且吩咐人給他奉上供物和香品。王對但以
> 理說:你既能顯明這奧祕的事,你們的神誠然是
> 萬神之神、萬王之王,又是顯明奧祕事的。」
> 但以理書 2:46-47

國王承認這位神是「萬王之王」。全世界最有權勢的人,如今俯伏在地,那是一種謙卑的表現並且完全不符合尼布甲尼撒慣有的驕傲。

我們掌權的幻覺

我們在這裡學到的功課是:神學確實重要,但是我們對權力和掌控的沈迷,多半來自於對神有錯誤的觀念。我們所塑造的神會令我們成為「作自己命運的主宰。」社會學家克里司汀‧史密斯(Christian Smith)將他在美國年輕人中間,所發現對神的一個主要認知,取名為:「道德性治療性的自然神論」。在他的書中,《暫譯:對美國青少年的宗教與屬靈生活之省思》(Soul Searching: The Religious and Spiritual Lives of

American Teenagers），他闡述了這一套信念——神賜福給努力做好人、做善事（即「道德」的信念）的人，並且會讓他們上天堂；生命的主要目標不是犧牲或捨下自己，而是享樂、對自己感到滿意（即「治療」的信念）；神雖然存在而且創造了這個世界，但是除非出了問題，否則祂不一定需要參與在我們的生命裡（這即是「自然神論」）。（註90）

　　這個神論簡直把人塑造成自己命運的主宰、靈魂的指揮官，救恩和快樂全由自己決定。有人指出，這種「道德性治療性的自然神論」只能在那種舒適並且富裕的社會，以及一群天之驕子中才能發達。那些「在頂端」的人們，極欲將自己的地位歸功於他們的聰明才智、悟性和努力。但是現實其實是相當複雜的，人脈關係、家庭環境以及看似單純的運氣，都決定了一個人的成功與否。而我們是基因、環境、個人選擇，三種要素結合下的產物，而這其中卻有兩個是我們無法掌控的；但是，我們對神的一些通俗化觀點和現實，卻誘使我們以為：成功全

是倚靠自己。

　　大眾媒體經常告訴年輕人「你可以成為『任何』你心裡所設定的樣子。」但是對一個十八歲、身高162公分，卻一心只想成為國家美式足球聯盟後衛球員的男孩來說，這話也未免說得太殘忍了吧！再舉一個極端的例子，假如你今天是出生在外蒙古的一個蒙古包裡，而不是生於你現在的出生地，那麼，無論你多麼努力工作或是發揮你的天分，你仍舊是活在那個貧窮、無力的環境裡。現在拉回到真實生活中，請試著去想一想，你的家庭背景對你的影響是什麼？你可能在年少的時候曾經告訴自己，長大以後「絕對不要」像你的父母一樣，你要做你自己；但是往往當人生旅途前進到某一處之後，你才會察覺，原來你的家庭一直在影響著你。

　　莫爾肯·葛萊威（Malcolm Gladwell）的書《異數》中，載滿了各種案例，用來證明我們的成功多半是環境造成的。他用一些住在紐約市的猶太裔律師為例子——他們約莫是出生在一九三〇年代，一個「意外時機」給了他們許多有利的機會，

他們所就讀的學校人數很少，因此他們能得到老師
們更多的關照，並在當時有機會進入一些非常優
秀卻又不貴的大學念書，接受了法律教育。但是，
因為社會反猶太的態度，這些人被五百大律師事
務所排擠，於是只好被迫去處理一些專門的法律案
件——那是有資歷的律師都不想碰的案子，例如：
代理訴訟。而這卻使他們在一連串惡性收購企業事
件發生的七〇、八〇年代，佔了極大的競爭優勢，
全都因此而發大財。（註91）即使我不同意葛萊威，
但是我個人仍然認為遺傳、環境和個人選擇，這三
個因素都同等重要，而他的書清楚證明了：我們的
成功並非如我們所想——全靠自己辦到。那些使我
們成功的因素，有大半的部份都掌握在神的手裡，
所以我們不應如使徒保羅所寫的「貴重這個，輕看
那個。」

> 「使你與人不同的是誰呢？你有什麼不是領受的
> 呢？若是領受的，為何自誇，彷彿不是領受的
> 呢？」 哥林多前書 4：6-7

尼布甲尼撒曾把他一切的顯赫名聲全歸功於自己的能力，但是此刻他開始謙卑下來，他對神的錯謬觀點也開始改變，不過那個改變不夠深入，因此，他需要神更多的介入。

發狂的國王

在第四章裡，尼布甲尼撒形容他自己安居在王宮中，盡都平順、富足，然而當他做了另一個夢之後，這個夢不僅讓他懼怕，更叫他驚惶失措。這個夢是關於一棵大樹：「那樹漸長，而且堅固高得頂天，從地極都能看見⋯⋯凡有血氣的，都從這樹得食。」（但以理書 4：11-12）但他卻聽到一個聲音呼叫說：「伐倒這樹。」接著，那個聲音開始說這棵樹，而且以「他」稱之：「樹木卻要留在地內⋯⋯使他的心改變，不如人心，給他一個獸心，使他經過七期。」

這位王充滿恐懼，膽戰心驚地召喚但以理進宮，但以理對於所聽聞的夢境驚惶不已，但是在沉

默地站立片刻後，他開口開始講解那個夢。

> 「王啊，講解就是這樣：臨到我主我王的事是出
> 於至高者的命。你必被趕出離開世人，與野地的
> 獸同居，吃草如牛，被天露滴濕，且要經過七期。
> 等你知道至高者在人的國中掌權，要將國賜與誰
> 就賜與誰。守望者既吩咐存留樹的餘幹，等你知
> 道諸天掌權，以後你的國必定歸你。王啊，求你
> 悅納我的諫言，以施行公義斷絕罪過，以憐憫窮
> 人除掉罪孽，或者你的平安可以延長。」但以理
> 書 4：24-27

　　第一個夢以某種程度來說，比較像是一堂學術
課程，它用一般的説法來講解神的屬性以及人類力
量的特徵；但是這一次，神開始轉向個人，上次的
學術課程沒有效果，因為尼布甲尼撒仍舊是個暴君，
他依然逼迫某些特定族群和階層的人和窮人 *(27節)*。
而現在，神準備要好好教他——那他本該學好的功
課，只是這中間仍存有一線希望：雖然那棵樹會被
砍下，但是樹的根會被留在土裡，以後可以再長出
來；神的目的不在於嚴懲、報復或毀滅，神的目的
乃在於管教。疼痛的背後是教養與救贖的動機。

　　那麼，神要尼布甲尼撒學會的功課究竟是什麼

呢？就是：「至高者在人的國掌權，要將國賜與誰就賜與誰，又將最卑微的設立他們之上。」意思是：任何一個人的成功，不過都是領受神無條件的恩寵罷了，就連站在世界頂端、最高階層的那些人，無論權力、財富和影響力其實都是「最卑微的」，他們和其他人並沒有不同。這是福音最原始的本相，即我們所擁有的都是因為恩典，而不是因為我們的「作為」或是努力。

神要說的是：「尼布甲尼撒王啊，你必須瞭解，你所有的一切權力，全是神給你的恩典。如果你真的明白了，你就會更放鬆、更安心，也會更謙卑、更公義。相反的，如果你認為你今天會站在這個位置，是靠自己的努力和作為，那麼你就會一直活在恐懼和殘暴之下。」

> 「過了十二個月，他遊行在巴比倫王宮裡。他說：這大巴比倫不是我用大能大力建為京都，要顯我威嚴的榮耀嗎？」」 但以理書 4：29-30

一天，這個國王看著他的領土，心中的驕傲讓他開始自傲。就在那時從天上有聲音發出，說：「你

必被趕出離開世人，與野地的獸同居，喫草如牛……
等你知道至高者在人的國中掌權，要將國賜與誰就
賜與誰。」（但以理書 4：31-32）緊接著，尼布甲尼撒開
始進入一段嚴重的精神病時期，那段期間他瘋狂到
一個程度，使他無法繼續住在宮內，只能和王宮外
的動物一起生活。

從驕傲的死亡裡復活

怎麼回事呢？其中最諷刺的就是：當人不想做
人而想當神的時候，就會跌入比人類還卑微的身份；
想做自己的神、為自己的榮耀和權力而活，就會把
自己導往最獸類、最殘忍的行為。驕傲會教你做個
掠奪者，而非做人。（註 92）那就是這位國王所遭遇
的。

在魯益師的兒童著作《黎明行者號》中，其中
一位主角是一位名叫尤斯提的年輕男孩。尤斯提很
顯然地對權力有所貪圖，但是他使用卑鄙低劣的方
式，就像小男孩戲弄、折磨小動物的方式一樣，他

愛講閒話、對大人奉承阿諛，尤斯提是個正在成形的尼布甲尼撒。

一天晚上，尤斯提在一個洞穴裡，發現了堆得像山一樣的寶藏，他變得洋洋得意，開始想像往後的日子會有多麼享受，並且他能擁有多少的權力。然而一覺醒來後，他驚恐地發現自己變成了一條醜陋的巨龍。「睡在巨龍積聚的寶藏上，他心裡全是貪慾與兇猛的想法，最後導致自己變成一條龍。」（註93）

變成一頭巨龍是遵循「宇宙的自然定律」。因為他的思想像龍，所以他已經變成了龍。當我們的心思意念注重在權力上面，我們就會變成強硬的掠食者；正所謂「相由心生」：我們崇拜什麼，就變成那個模樣。（註94）

尤斯提現在是一個具有無比能力的生物，擁有連作夢都想不到的能力，但是他很害怕又醜陋，並且非常寂寞，這是權力本身給我們的影響。尤斯提對自己的轉變除了驚訝以外，反而開始變得謙卑，因為他渴望恢復成男孩的模樣，隨著驕傲漸漸褪去，

他心中的偶像崇拜也開始得到醫治。

　　一晚，巨龍尤斯提遇到了一頭神祕的獅子。那頭獅子叫他「卸裝」，試著要他脫掉那身龍皮，而巨龍總算脫掉了一層皮，但他卻發現自己仍然是一條龍，無論試了多少次，結果都還是一樣。最後，獅子終於說：「你該讓我幫你脫掉。」

　　尤斯提自述：「我很怕牠的爪子，但是我可以告訴你，我幾乎到了絕望的地步。所以，我索性躺下來，讓牠幫我剝皮。牠第一爪下去，挖得又深又痛，我以為牠一路剝上了我的心臟。當牠開始剝掉那層皮，我這輩子真的沒有碰過比那更痛的……可是，正當我想著，我曾自己動手剝了三次，而一點也不痛時——牠竟然把那層野獸的皮剝下來了！那層皮被丟在草地上。這層皮和之前那三次相比，真的是又厚又黑，有著更多突起像瘤一樣的東西；我就像一根被剝掉樹皮的樹枝，變得又光滑又柔軟，躺在那裡的我變得更小了……我終於恢復原本男孩的模樣。」（註95）

　　這個童話故事裡的獅子亞斯藍：寓表著基督，

故事內容講述的是——每個基督徒都只察覺到驕傲會導致死亡、崩潰以及失去人性;但是,如果你轉向神,讓生命中的驕傲來教你謙卑,而非使你苦毒,並且不再為自己的榮耀而活時,那麼隨著驕傲的死亡,終將會帶來復活。至終你可以顯露全然的人性,懷著一顆柔軟的心,而不再是一顆石心。

類似的事也發生在尼布甲尼撒身上。他自己見證說:

> 「日子滿足,我,尼布甲尼撒舉目望天,我的聰明復歸於我,我便稱頌至高者,讚美尊敬活到永遠的神。他的權柄是永有的;他的國存到萬代……那時,我的聰明復歸於我,為我國的榮耀、威嚴,和光耀也都復歸於我;並且我的謀士和大臣也來朝見我。我又得堅立在國位上,至大的權柄加增於我。」 但以理書 4:34、36

當他「舉目望天」望著神時,所產生的結果是遠超過他恢復的部份。他如今有「至大的權柄加增於他」(36節),而那是至高恩典的表現,也是我們

在耶穌身上所看到的。我們的心會說：「我必升高，
我必像那至高者，為我自己的緣故。」但是耶穌說：
「我必降卑，我必下到低處，為他們的緣故。」祂
成為人，為我們的罪死在十字架上（*腓立比書2：4-10*）。
耶穌「失去了」所有權力並且為拯救我們而服事；
祂受死，帶出救贖和復活。因此，如果你像尤斯提、
尼布甲尼撒和耶穌，落入了極大的軟弱，你該要說：
「父啊，我把我的靈魂，交在你手裡」（*路加福音23：
46*），你就會有所成長、改變並且有復活。

耶穌的榜樣與恩典，醫治我們對權力的意圖。
我們的軟弱與無力感所產出的自然反應是：否認它，
然後支使、控制別人，只為了能繼續活在那個否認
裡。但是耶穌卻向我們指出另一條道路：藉由放棄
權力，服事人們，祂成了世上最有影響力的人，耶
穌不僅是一個榜樣，祂更是那位救世主。唯有承認
我們的罪、需要和軟弱無力，以及把自己交在祂的
憐憫裡，我們才能在祂的愛裡得到保障，同時得到
力量，並且不是欺壓他人的力量；所有的不安感會
離開，對權力的貪慾會被連根砍掉，正如一位傳道

山寨版的上帝
Counterfeit Gods

人曾說：「你想升高，反而降卑；你若自卑，反倒
升高。」

註解

64. 引自 Bob Goudzwaard 著，林德明、角聲翻譯小組合譯 《時代的偶像》（香港角聲出版，1988）。

65. 截取自 Robespierre 的演說，引用於 Richard Bienvenu, *The Ninth of Thermidor* 《熱月九日》（暫譯）(Oxford: Oxford University Press, 1970), pp. 32-49。

66. Al Wolters, Michael Goheen, *Creation Regained: Basics for a Reformational Worldview, second edition* 《復得之創造：改革宗世界觀，第二版》（暫譯）(Grand Rapids, Mich.: Eerdmans, 2005), p.61。

67. 「對權利的慾望之所以索求無度其因源於內心缺乏安全感。」Reinhold Niebuhr, *The Nature and Destiny of Man: Volume I, Human Nature* 《人的本性與命運，第一卷》（暫譯）(New York: Scribner, 1964), p.189。

68. 「最顯著的偶像崇拜形式，就是把所有的意義全架構在某一個中心之上……例如顯然是附帶的，而非終極的種族或國家。」Niebuhr, p.165。

69. Bob Goudzwaard 著，林德明、角聲翻譯小組合譯 《時代的偶像》（香港角聲出版，1988）。

70. 「德國，無止盡的當代自我主張，已經完全違反，舉凡宗教，文化和法律等一切既有的界限，是一個非常突出的權力驅動形態…」

Niebuhr, p.189 的註腳。

71. C. S. Lewis 著，余也魯譯 《返璞歸真》（香港：海天書樓，1995）。

72. 「……試圖透過自然界的因果定律，來理解世界的意義……這暗示著把理性奉若神明。如此的位份顯露出偶像崇拜，並且理性和邏輯的法則，不足以使人完全理解整個宇宙的意義，事實證明了生命和歷史所充滿的矛盾與衝突，是無法藉由理性的法則解決。」Niebuhr, p.165。

73. C. E. M. Joad, *The Recovery of Belief* 《重拾信仰》（暫譯）(London: Father and Faber, 1952), pp. 62-63。

74. Richard Crossman 編，李省吾譯 《破滅了的信心》（臺北華國出版社，1950）。

75. 參 考 Steward Davenport 之 *Friends of the Unrighteous Mammon : Northern Christians and Market Capitalism 1815-1860* 《不義瑪門之友：北部的基督徒和市場資本主義 1815-1860》（暫譯）(Chicago: University of Chicago, 2008) 的探討。

Davenport 試著瞭解為什麼一些基督教領袖支持亞當·史密斯 (Adam Smith) 的資本主義的論點，此觀點明顯是種「意識形態」，理想地認為一個政府如果只需要關心經濟問題，其他的道德與社群團體等方面，就會自然而然地自己成長。

76. Wendell Berry 的言論發人深思，不但揭露了現代資本主義的意識形態本質，並且呼籲美國人「少浪費，少消費，少使用，少慾望，少需求。」請參考其著書 *Sex, Economy, Freedom, and Community: Eight Essays* 《性、經濟、自由、社群：論文八篇》（暫譯）(New York: Pantheon, 1994)。

Berry 並非自由主義派人士，他抵制龐大政權，不論政權是出自
於保守派或自由派，而相較於保守派，他更多看重個人權利勝過
團體利益。這使他的思想成為對抗現代意識形態發展的絕佳防備。

77. Stephen Marglin, *The Dismal Science : How Thinking Like an Economist Undermines Community* 《黯淡的科學：經濟學家的思維如何破壞社區》(暫譯)(Cambridge: Harvard University Press, 2008)。

根據 Marglin 的觀點，現代經濟學已經變成一種意識形態，認為
人類都是極端專顧個人利益而不需要社群關係的個體，對個人的
定義是取決於各人的消費能力，而非他們在社群團體關係中所扮
演的角色。在過去四個世紀裡，這個經濟意識形態已經成為世界
主流。

78. Richard A. Posner 著，沈明譯 《資本注意的失敗：08 危機與經濟蕭條的降臨》(北京大學出版社，2009)。

Posner 提出的論點主要是反對資本主義認為市場會自我修正的
教義。

79. 參考 William T. Cavanaugh, *Being Consumed: Economics and Christian Desire* 《消耗:經濟與基督徒的慾望》(暫譯) (Grand Rapids, Mich.: Eerdmans, 2008)。

Cavanaugh 探討基督徒置身於一個受市場資本主義主控的社會
之下，所面臨的誘惑，應該如何保守自己的私領域，將它從公眾生
活中分別出來。就傳統而言，貪婪是七大原罪之一，因此我們應當
在私人生活部份避免貪婪一罪，但在身處於公眾生活，追求商業
生活時卻可以追尋它。此外，在我們所處的社會裡，一個人的自我
定義取決於個人的消費習慣；然而就基督教的教導，我們生命的
定義是按自身寄情的對象來界定。根據 Cavanaugh，市場的邏
輯和價值已經滲透至我們生活的每個層面。正因如此，現代資本

主義是一種「意識形態」。

80. Larry Elliott、Dan Atkinson 著，李隆生譯 《失靈的眾神：掀起金融海嘯的罪魁禍首》(聯經出版公司：2009)。

81. Niebuhr 認為偶像崇拜就是把某個有限且相關的事物，提昇至「最終且終極的價值。」Niebuhr, p.225。

82. Roy Clements , *Faithful Living in a Faithless World* 《活在無信仰世界之信徒》（暫譯）(Downers Grove, Ill: Inter-Varsity Press, 1998), p.153。

83. Reinhold Niehuhr, *The Nature and Destiny of Man: Volume I Human Nature* 《大自然與人的命運，第一冊：人性》（暫譯）(New York: Scribner, 1964), p.189。

84. Diana R. Henriques, "Madoff, Apologizing, Is Given 150 Years,"「馬多夫道歉，被判 150 年」（暫譯），New York Times(紐約時報)，June 30, 2009。

85. "Bernard Madoff Gets 150 Years in Jail for Epic Fraud,"「伯納・馬多夫舞弊遮天蓋地判牢 150 年」（暫譯）Bloomberg News（彭博新聞社），June 29, 2009。http://www.bloomberg.com/apps/new?pid=20601087&sid=aHSYu2UPYrfo

86. Niebuhr, pp.179-180。

87. 同上。

88. 我在這段話描述「表層偶像」──性、宗教、金錢是如何為「深層偶像」服役。可將這段話和第三章裡提到的深層與表層偶像相互比較。

89. 多年來，許多歷史解經家試圖從國度的角度，辨認出偶像的每個

部位。自從尼布甲尼撒被稱為「那個頭」（36-39 節）之後，偶像的其他金屬部位就被合理的解釋為：所代表的是下一個主宰世界的勢力。即便如此，那個夢可能也無法以如此特定的方法來詮釋。如果注意讀第 35 節，當中所提到的（神的國）那顆石頭，是在同一個時間裡打碎了整個偶像。如果那些國度相隔幾世紀之久，那個石頭又怎能同時間打碎它們呢？

因此我認為，那個偶像所代表的是世界的國度，它擁有它們一切的權勢、方法和力量。那個夢沒有給我們一個國度特定演變的明確次序，也沒有特別強調時代性。它所説的乃是不論任何不公義或暴政興起，神永遠是最高統帥。所有人類勢力最後都要面對神的審判。

關於此種論述，可參考註釋書 Tremper Longman 著，恩霖譯《國際釋經應用系列 -- 但以理書》（國際漢語聖經出版社有限公司，2001）。

90. Christian Smith, *Soul Searching : The Religious and Spiritual Lives of American Teenagers* 《對美國青少年的宗教與屬靈生活之省思》（暫譯）(Oxford: Oxford University Press, 2005), pp.162-170。

91. Malcolm Gladwell 著，廖月娟譯 《異數》（時報出版，2009)

Gladwell 同意才幹（遺傳的）和勤奮是成功的重要因素，不過他聲稱環境才是最至要的要素：包括時機、家庭背景和文化。

92. 欲瞭解主題相關細節可參考 Edward P. Meadors, *Idolatry and the Hardening of the Heart: A Study in Biblical Theology* 《偶像崇拜與心靈剛硬：一項聖經神學研究》（暫譯）(London and New York: T and T Clark, 2006)。

93. C. S. Lewis 著，張琰譯 《納尼亞傳奇：黎明行者號》（大田，2005)。

94. 欲知主題詳細內容可參考 G. K. Beale, *We Become What We Worship: A Biblil Theology of Idolatry* 《我們成了自己供奉的偶像：偶像崇拜的聖經神學》（暫譯）(Downers Grove, Ill: InterVarsity Press, 2008)。

95. C. S. Lewis 著，張琰譯 《納尼亞傳奇：黎明行者號》（大田，2005)。

第六章

我們生活中
隱藏的偶像

目前為止我們探討了個人偶像，例如：愛情、財務的富裕或是政治成就。這些假神都不難發現。不過，另一些影響著我們的偶像卻較為隱藏，那些偶像不是出於我們的心，而是源自於我們的社會與文化之中。

利益偶像

在紐約時報的週日意見專欄裡，寫到一位名叫瑪莉莎的朋友，她年僅二十九歲就當上了摩根大通的副總裁，但最近卻遭到解雇。雖然「幾乎每個人都對華爾街感到怒不可遏……可是瑪莉莎並不完全等同於公眾以為的、卑鄙無恥的貪心交易員——那些人在公司消耗殆盡時，仍然在收取數百萬的紅利。」瑪莉莎的薪資很優渥，在財務上對朋友和非營利慈善機構也非常慷慨，但是她在公司的專長是：將次級抵押債務、學貸和信用卡債轉為證券發售。「當她將這些債務湊在一起，像謎一般銷售給投資者時，她理應預料到，這種金融商品在經濟危機中扮演了極為險惡的角色。」（註96）但是為什麼她沒有想到呢？正如奈森・亥區在第四章所提的：我們的文化未曾訓練學子們對工作提出此類的質問，他們通常只關心一個問題——薪水是多少？

在哈佛商業學院二〇〇九年期的應屆畢業生中，有將近一半以上的人在畢業典禮前一天所舉行的非官方儀式上，承諾要「以最高的誠信為原則」

抵制「單為擴張我狹隘的個人野心而作出的任何決
定與行為」，並且在職場上要致力於「提高我任職
企業能為社會創造的長期價值」。（註97）《經濟學
人雜誌》在這份「企業管理碩士誓言」的報導中，
引用了經濟學家密爾頓‧佛萊曼（Milton Fried-
man）所提倡的主張，此理論強調企業管理者唯一
的目標就是使股份價值最大化。（註98）傳統論點認
為若非如此，企業就無法推動公共效益，包括：提
供就業機會和創造新產品。而這種說法是假設市場
本身對於誠信與欺詐，本來就有賞罰分明的機制：
如果你說謊或欺騙，將會自食其果，而且人財兩失；
這樣一來，企業的唯一目標就只要專注於如何達到
最高營利，所有其他關乎倫理的運作、或是具社會
意識之企業的探討，都被視為多餘之談。

　　但是，這份宣言的簽署者卻不願苟同追求利潤
的管理者——採取一些措施使股值迅速上漲，卻以
公司的長期健康作為代價，使員工福利、顧客利益、
與週遭環境成為犧牲品，屆時他們卻讓現金入了自
己的口袋、逍遙在外，使其他人陷入更貧窮的地步。

雖然有些人提倡給員工豐厚的薪資，賦予他們一個良好的工作環境，如此就能創造出更大利潤，但那無以佐證。這些措施都是應該實現的，但不該成為謀利的手段，成就這些是因為它們本身就是良好、有益而且正當的事。

同時，宣稱誠信和正直就一定能讓企業賺錢的論點亦不正確，因為在某些情況下，選擇誠實的做法仍會危及財務，所以如果只嚴格地按照成本效益來權衡，那麼說謊被揭穿的風險，就會變得仍然值得一冒。對企業員工與環境的誠信和保障，必須被視為和利潤同等重要的財富，否則任何企業都無法保持廉正。

簽署者同時聲稱，利潤已成為一個假神——一件美事變成了具有絕對性的價值，其結果已經導致道德與社會的崩潰。他們的誓約正在向文化中的偶像發出挑戰，此偶像危及了社會的次序，並且已經造成既廣泛又有系統性的影響。

我們文化裡的偶像

安德魯·戴班寇（Andrew Delbanco）在他
的著作《暫譯：真正的美國夢：希望的沈思》（The
Real American Dream: A Meditation on
Hope）中寫道：「我將用『文化』這個字眼來表達
某些故事和表徵，藉著它，我們試圖遏制那令人惆
悵的懷疑，懷疑我們活在一個了無意義的世界中。」
（註99）每個文化深處都有它最主要的「盼望」，那
個盼望會告訴它的成員，何為生命的意義。戴班寇
追溯美國文明過程的三個時期，找出每一時期的原
始盼望，他依照順序列出了「神、國家、個人。」
在第一個時期：「盼望主要是透過基督徒信仰的故
事而呈現，對於患難與滿足賦予意義，並且承諾要
從死亡中得著救贖。」在第二個時期：「啟蒙運動
把國家神性化……並以取代了那位個人的神。」（註
100）戴班寇說，雖然第二期在一九六〇年代開始消
退，但在這個時期，舊有的神聖觀念轉移到美國自
身的身上，因此它開始自詡為「救世國」，政府一
切的體制和生活方式成了整個世界的盼望。

　　然而今天，對於卓越和意義的需求，已經比不上個人以及自身選擇的自由。在年輕人當中，舊式「美國優先」的思想形態已經出局，如今，生命在於盡量擴大個人自由，脫離團體社群的制約，藉此創造出自我個體。

　　戴班寇對文化的解析，在實質上其實是一種偶像的解析。說明了在這個強調「個人」的時代中，為什麼追求最大利潤會呈現出如此強大的力量；我們瞭解了那個塑造並驅動我們之物的複雜性。任何一個主流的文化「盼望」，只要不是神，它都是一個假神，因此，偶像不只是會以個人的形態呈現，也會以團體和體制的形態出現，而當我們完全融入到一個社會團體裡，並且認為他們對某個特定的偶像崇拜投入情感是正常行為時，要想分辨出真實的狀況，就成了一件幾乎難以做到的事。

　　我們不該以為，現在的文化會比下一個文化具有較少偶像崇拜的情形。傳統社會傾向於把家庭和黨派（幫派），視為一個絕對而且終極至要的事物，這種心態足以導出榮譽謀殺、把女性視為奴役，以

及對同性戀者產生的暴力行為；西方的世俗文化，
則是把個人自由當成偶像，於是造成了家庭破裂、
猖獗的物質主義、野心，並且把愛情、身體的美貌
和利益追求偶像化。

　　要如何減少文化偶像對我們的控制呢？戴班寇
指出，在歷史初期，社會是以神和宗教為成形的根
基。那麼，難道倚靠或是加強宗教化，就能解決我
們的文化問題嗎？那可不一定。其實偶像崇拜滲透
在各個角落，就連宗教這一塊也未能倖免。

我們宗教裡的偶像

　　所謂偶像，指的是我們企圖從某個事物中去
尋找那些只有神才能給予的東西。偶像崇拜廣泛存
在於宗教團體當中，例如，當某個教義性的真理被
高升到一個假神的地位。這種狀況尤其會出現在：
人們仰賴教義的正確與否，遠超過自身與神的關
係——不關乎神的本身，也非關於祂的恩典，這個
東西非常微妙，卻也是致命的錯誤。要察驗你是否

落入這種自以為義的心態，你可以自問自己是否已經變成箴言書中所謂的「褻慢人」。（註101）褻慢人對於反對者總是抱持著蔑視和驕傲自大的態度，沒有半點恩慈。由此可以看出，他們不認為自己是憑恩典得救贖的罪人，相反地，他們對於自己觀點的正確性非常引以為傲，自覺不可一世。（註102）

在宗教團體中，另一種偶像崇拜的形態，就是把屬靈恩賜和事奉的成就變成一個假神。屬靈恩賜（才幹、能力、表現、成長）經常被誤認為是聖經中所說的屬靈「果子」（仁愛、喜樂、和平、忍耐、謙卑、勇氣、恩慈）。（註103）就算是相信「我乃是單憑恩典得救」的傳道人，也可能在心裡認為自己之所以能夠在神面前站立，是根據他們改變了多少人的生命。

另外一種宗教偶像則和道德生活息息相關。誠如我在自己的著作中所詳述的。（註104）人的內心總是隱隱約約地想著：要如何透過我們的道德表現來控制神和其他人，因為我們一直是言行善良正直，所以理所當然認為神（以及周遭的人）都應該尊敬、

支持我們，雖然我們嘴上會說：耶穌是我們的榜樣
和激勵，但是骨子裡卻仍舊是想靠自己和自身的道
德贏得救贖。

　　戴班寇說明了啟蒙運動的文化大轉變的經歷，
是如何揚棄了正統宗教，並且以美國體制或是個人
自我實現等等事物，取代了神的位置，而其結果不
甚理想。以國家取代神的結果，導出了文化帝國主
義；而以自我取代神，則是會帶來許多在本書中所
提及的機能失調互動。（註105）為何我們的文化會
如此大規模地遺棄神，不再以祂為盼望呢？我認為，
原因是因為我們的宗教團體充斥著許多假神，並且
持續了好一陣子。教義準確性、事奉成就、或是道
德的正直等等，都已經偶像化，進而導致內部的衝
突、產生自大、形成自義，或是去壓迫抵制那些持
不同觀點的人。這些宗教偶像崇拜所產生的有毒影
響，已經普遍造成社會大眾對宗教的不滿，尤以基
督教為甚。所以多數的人會認為：既然我們已經嘗
試過神，何不轉而投身其他的盼望呢？但它卻導致
了破壞性的結局。

約拿的使命

我們所要面對的不只是內心裡的偶像,文化與宗教中的群體偶像所帶來的危害,有時候更甚於個人的偶像崇拜,甚至會製造出另一種有毒的綜合體。一個感到非常無力的窮年輕人,非常容易加入一些煽動種族與宗教仇恨的群體;一個沒有家庭關愛的年輕女孩,若是身處在一個追求外貌魅力的消費文化之中,便很有可能患上飲食失調症。操控我們的偶像非常複雜,它有很多層面紗,而且多半是隱藏起來的。

這方面的最佳例證,或許非聖經中著名的約拿莫屬。多半我們都認為這個故事只適用於兒童主日學的課程,其內容莫過於是一個男人被一條大魚吞下去的故事,但是卻恰好相反,它是一個極為巧妙精緻的故事,主要是探討偶像如何在許多的層面中,控制我們的行動,即便在我們以為自己是遵行祂旨意之時,偶像卻仍然帶我們遠離神。這個故事最令人驚訝的部份,其實是在故事的結尾,但是那時,約拿早就已經離大魚的肚子離得遠遠的了。這卷書

開頭第一句話，就非常有技巧地鋪陳了一個充滿戲
劇張力的劇情。

> 「耶和華的話臨到亞米太的兒子約拿，說：你起
> 來往尼尼微大城去，向其中的居民呼喊，因為他
> 們的惡達到我面前。」 約拿書 1：1-2 （註 106）

　　從列王紀下第十四章 25 節，我們看到約拿請求
以色列王耶羅波安執行一項軍事擴張政策，目的是
為了擴展國土；相反的，與他同期的阿摩司和何西
阿，則是強力對抗王室行政機關的腐敗。然而，對
於以色列國王滿腔熱血一股腦兒地想要建立國家勢
力和其影響力，所犯下的種種罪惡，約拿似乎刻意
放任與坐視不管。（註 107）試想，一位這樣的先知，
在面對神要求他去尼尼微城訓誡、警告城中的百姓
時，必然會大吃一驚。

　　尼尼微城在當時是全世界最強大的城市之一，
它是亞述帝國的中心，它的軍事足以威脅以色列和
其他鄰國，所以任何能讓亞述國獲益的行徑，對以

色列這個國家而言,無非都是一種自殺行為。雖然,那個任務只是去「訓誡」那座城的惡行而已,但是約拿必定深諳一個道理,倘若他們沒有避開審判的機會,那麼耶和華又何必要大費周章地派人去警告他們呢?(約拿書4:1-2)

神要向祂百姓的大敵伸出憐憫的手,再也沒有比這種反其道而行的任務,更令人難以想像的了;而為要達成這個任務,神卻委派一位愛國的猶太先知前往,也再沒有任何比他更不具特使資格的人選了。對於神所指派的任務,可想而知,約拿必定會認為是荒謬至極,但這是他的任務,他就是那位特使(傳教士)。

落跑特使

「約拿卻起來,逃往他施去躲避耶和華;下到約帕,遇見一隻船,要往他施去。他就給了船價,上了船,要與船上的人同往他施去躲避耶和華。」約拿書1:3

　　約拿擺明地違背任務，他沒有前往東方的尼尼微，反而往相反方向的他施——這座位於已知世界西部邊緣的城市前進。他所做的和神所命令的完全相反，為什麼？我們一直要到第四章，才能看出約拿的內在動機。然而在此處，經文仍然提供了些許線索，可以稍微讓我們看出他為何如此膽大包天，竟然敢違背一個從神直接下達的命令。

　　想必約拿是擔心自己的任務會失敗：神委任一位向來獨來獨往的希伯來先知，前往全世界最強大的城市，然後呼召那城的百姓們，向他的神屈膝跪拜。最有可能的結果似乎只有兩個：若不是被人嘲笑，就是被殺，而且這兩種結果的機率可能一樣高！多數傳道人喜歡去的地方，無非是人們願意接受勸誡的地方。

　　儘管機率看似微乎其微，他一定也很害怕任務成功。亞述是一個殘暴的帝國，這個帝國已經向以色列索取了類似如今國際保護費的供物。而約拿蒙召去警告尼尼微城有關神的忿怒，無非是直接給他們一個活命的機會，讓他們足以繼續威脅以色列。

作為一位愛國的以色列人，約拿當然不願意和這樣的任務有任何牽扯。

那他又何必逃跑呢？答案仍舊是偶像崇拜。只不過它是屬於非常複雜的一種，其實約拿有一個個人偶像：他對事奉成就的渴望，勝過於他對神的順服；同時，約拿也受到文化偶像的影響：他把以色列的國家利益，看得比順服神，以及尼尼微的屬靈益處更加重要；再者，約拿還有一個宗教偶像：一個單純、道德上的自以為義。他自以為自己比那幫惡棍——尼尼微城的異教徒們更為高尚，所以他不想看到他們得救。約拿的文化、個人、宗教偶像已經融合成一個有毒的綜合體，並且完美無縫地藏了起來，那個東西導致他悖逆了那一位——他向來引以為傲並且事奉的神。

深海裡的約拿

約拿上了一艘船，想要躲避神和被委派的任

務。但是，神讓海上刮起狂風暴雨，船幾乎快要沉
了（約拿書 1：4-6）。船上的水手們察覺這個風暴非比
尋常，所以他們決定擎籤，要找出誰是這次災難的
禍因，結果擎出約拿來。

> 「他們就大大懼怕，對他說：你做的是什麼事
> 呢？他們已經知道他躲避耶和華，因為他告訴了
> 他們。他們問他說：我們當向你怎樣行，使海浪
> 平靜呢？這話是因為海浪越發翻騰。他對他們
> 說：你們將我抬起來，拋在海中，海就平靜了。
> 我知道你們遭這大風是因為的緣故。」約拿書 1：
> 10-12

為了活命，於是水手們照約拿的話做了。他們
把他丟到海裡，而神準備了一條大魚把約拿吞到肚
子裡，好讓約拿活下去。那條大魚是神對約拿的供
應，神給約拿一個機會可以恢復並且悔改。在魚肚
裡，約拿向神獻上了一個禱告：

> 「約拿在魚腹中禱告耶和華他的神，說：我遭遇
> 患難求告耶和華，你就應允我；我從你眼前雖被

山寨版的上帝
Counterfeit Gods

驅逐，我仍要仰望你的聖殿……那信奉虛無之神
的人，離棄憐愛他們的主；但我必用感謝的聲音
獻祭與你。我所許的願，我必償還。救恩出於耶
和華。耶和華吩咐魚，魚就把約拿吐在旱地上。」
約拿書 2：1-2、4、8-10

他提到「那信奉虛無之神的人……」這句話所
指的偶像崇拜者，即是神呼召約拿去尼尼微城所要
傳講的對象，接著，他對於那些人說了一句值得注
意的話，他說崇拜偶像的人「離棄憐愛（chesedh）
他們的主。」Chesedh 在希伯來文裡，指的是神
的盟約之愛——祂那救贖與無條件的恩典。這個字
曾用來形容神與祂百姓以色列之間的關係，而現在
約拿說，那些偶像崇拜的人離棄他們「自己的」恩
典。這對他而言有如當頭棒喝，原來神的恩典不僅
僅是他個人的、也是他們的。為何這麼說呢？因為
恩典就是恩典，若真是恩典，就沒有一個人是有資
格得到的，所以人人平等。因為那個醒悟，他便又
說：「救恩唯獨從耶和華而來！」它不屬於任何種
族或是社會階級，所以，宗教人士也就沒有比非宗

教人士來的更具資格，它也不是出於個人的品格或是努力，故此，救恩唯獨出自耶和華。

在這個禱告裡，有一個暗示性的自我省察，頗令人玩味。按照約拿的說法，那究竟是什麼事情阻擋了恩典進入人的生命呢？無非是對偶像的依賴。那麼，為什麼約拿自己無法理解神的計畫和心意呢？答案也是偶像崇拜。他對個人成敗的懼怕還有對個人宗教的驕氣，以及對自己國家那股狂熱的愛等等，導致這些偶像們結合成一個致命的偶像綜合體，結果矇蔽了約拿屬靈的眼睛，使他看不見神的恩典，因此，他不想讓那段恩典延續至一個有迫切需要的城市，他只想看見那座城的人被滅絕盡淨。

種族與恩典

種族驕傲和文化的狹隘不能和恩典的福音共存，它們是相互排斥、一山容不了二虎的。因為人心的本性是要為自己辯白，所以自然會認為我們本身的文化或是階級特性，比其他人更為優秀。但是

這個天然的傾向，卻被福音擋了下來。

在加拉太書第二章裡，我們看到保羅對彼得的質問。彼得是一個猶太使徒，從小所受的教導乃是：外邦人在屬靈上都是「不潔之物」，不可與其同桌用餐。在古時的文化裡，與人共餐就代表彼此的交流與接納。但是當保羅見到彼得拒絕與外邦基督徒共餐時，隨即質問彼得為何種族歧視。不過，保羅是如何指出問題所在呢？保羅並沒有說：「你違反了種族歧視的規定。」反而是說彼得的行為「與福音的真理不合。」（加拉太書2：14）種族偏見在保羅的口中是：否定救贖恩典的中心原則。他接著又說：「彼得，我們若全部都是單單憑恩典得贖的，你又怎能視自己比別人優越呢？你怎能繼續排擠其他種族和國籍的人呢？把福音刻在你的心上吧！」彼得在某種程度上確實瞭解福音，但是，若就更深一層而論，他卻沒有完全被福音塑造更新，他所做的「與福音的真理不合」。

「那些沒有在基督裡站穩的人，四處尋找屬靈生命的守護者，想藉此維護自身的自信。而在他們

瘋狂尋求的過程中，不但是緊抓著自己身上所找到
的某些能力和公義，而且還認定自己的種族、政黨
黨員身份、熟悉的社會與教會模式以及文化等等，
以變成自我推薦的工具。文化如盔甲一般被披戴穿
上，藉以防禦自我懷疑，但是卻變成了一件精神緊
身衣，緊緊巴著肉體。如果沒有藉著對基督救贖工
作完全的信賴，它是無法剝掉的 。」（註108）

　　約拿在魚肚裡開始領會他一直沒能理解的事
情，開始理解為何他對神起初的呼召感到疲乏，並
且有如此大的反彈。約拿蒙召去全世界最偉大的城
市傳講神的恩典，但是他自己卻不明白那個恩典，
既憔悴又降卑的他，開始意會到真理——救恩全憑
恩典，因此人人都能得到救恩。就在他頓悟到這一
點時，他的文化偶像似乎也被剷除了，因為他的醒
悟，大魚便把他吐了出來，於是，先知約拿有了第
二次的機會。

震驚的結局

> *「耶和華的話二次臨到約拿說：你起來！往尼尼*
> *微大城去，向其中的居民宣告我所吩咐你的話。*
> *約拿便照耶和華的話起來，往尼尼微去。這尼尼*
> *微是極大的城，有三日了路程。約拿進城走了一*
> *日，宣告說：再等四十日，尼尼微必傾覆了！尼*
> *尼微人信服神，便宣告禁食，從最大的到至小的*
> *都穿麻衣。於是神察看他們的行為，見他們離開*
> *惡道，他就後悔，不把所說的災禍降與他們了。*
> *這事約拿大大不悅，且甚發怒。」約拿書3：1-5、*
> *10：4：1*

　　此刻，故事進到一個幾乎所有人都忽略的部
份。神再次呼召約拿去尼尼微城，而這一次他順服
了。到了那裡，他開始傳講，但是，出乎約拿和我
們意料之外，城裡的百姓竟然有所回應，他們開始
悔改，有些人說：「或者神轉意後悔，不發烈怒，
使我們不至滅亡，也未可知」 *(9節)*。結果整座城
離開了他們的「惡行」，就是如第8節所形容的「他
們的暴行」。亞述國確實是一個極度殘暴的國家，
但至少在這裡，他們暫時地非常痛悔與自責，並且

願意改變。

神憐憫他們。雖然沒有任何一處表示：尼尼微從此就成為猶太人，或是轉而全心事奉以色列的神。但是神卻收回祂的懲罰，所以祂真正的旨意原是拯救，而不是懲罰。

故事讀到這裡，無論是誰都會認為這卷書可以在此劃下美好的句點。一切超乎約拿的想像，他從鬼門關回來，而且完成了任務，尼尼微人悔改，並且展現了他們的承諾——遠離暴行、放棄帝國主義政策，而神也讓萬民看見了祂無比的憐憫和慈愛。如今，只要在約拿書第三章加上最後的第十一節：「約拿歡歡喜喜地回到他的家鄉！」，故事便能圓滿落幕。

然而，事實「並非」如此。這個故事最令人震驚的一刻，便是約拿本應視為大勝利的那一剎那。他向全世界最強大的城市講道，而且誇張的是，整座城居然真的下跪悔改！但是，尼尼微對約拿的信息所作出的正面回應，卻反而讓他火冒三丈，他不但對神態度惡劣，還要求神當場殺了他！

山寨版的上帝
Counterfeit Gods

> 「這事約拿大大不悅，且甚發怒，就禱告耶和華
> 說：耶和華啊，我在本國的時候豈不是這樣說
> 嗎？我知道你是有恩典、有憐憫的神，不輕易發
> 怒，有豐盛的慈愛，並且後悔不降所說的災，所
> 以我急速逃往他施去。耶和華啊，現在求你取我
> 的命吧！因為我死了比活著還好。」　約拿書 4：
> 1-3

　　約拿內心的動機終於完全顯露出來。他說：「我
就知道！我早就知道祢是有憐憫的神，快快饒恕、
希望拯救人，又有一堆用不完的耐心！『我就知道』
我不能信任祢！這就是為什麼一開始我要逃跑！我
擔心的就是像祢這樣的一位神，只要接近那幫人，
而且他們表現出悔改的意願時，祢便會赦免他們！
我實在受夠祢了，我不幹了！祢乾脆把我殺了吧！」
整本聖經裡，應該再也找不到比這段話更讓人跌破
眼鏡的吧！大概在所有古代文學裡也找不到類似的
情節。約拿的偶像終於曝光了，他對這個民族和國
家的嫌惡顯露無遺。

　　約拿對亞述民族憎恨到一個地步，導致神的赦

免竟是他眼中見過最糟糕的一件事。他願意正面譴
責尼尼微人,但是卻無法愛他們:他不要他們得救、
他不要他們得到神的憐憫。(註109)

這是怎麼回事呢?約拿在大魚的肚子裡,不是
已經開始領會到所有人都不配得到神的愛,因此,
人人都有平等的機會來領受神的恩典嗎?但是約拿
所崇拜的偶像們,卻仍然帶著報復的心,要重新回
來維護它們的地位。在第二章裡,他對神恩典的領
會只屬於知識的層面,還沒有滲透到他的內心。約
拿無非是代表了一個警誡,讓我們知道人心永遠不
會在一夜之間就改變,就算是神直接訓練的人也一
樣無法做到。就如同保羅質疑彼得,未以福音來對
付自身所具的種族歧視一樣,因此,神在約拿身上
的工作還未結束。

有人曾說過,如果你想知道你家的地下室到底
有沒有老鼠,你就不該慢慢走下樓,還發出聲音。
因為這樣,無論你怎麼找,也看不見老鼠;如果你
真的想知道下面有什麼,就應該要出其不意、火速
地跑下樓去,這時就會看到許多細長的小尾巴匆匆

忙忙跑掉。同樣的，在真實的生活經驗裡，唯有在壓力之下，我們內心的真實面貌才會顯露出來。舉例來說：所有基督徒嘴上都會說自己相信基督是他們的救主，而非前途或財富；基督如何看我們才是重要，人們的看法一點都不重要，但那都是我們「嘴上說說」罷了。耶穌在原則上雖然是我們的救主，但是在我們心裡，其實還有其他事物，依舊保有它們的地位。約拿讓我們看見，我們雖然在理性上相信福音，但是，要讓福音真的深入到我們內心，並且影響我們所思、所想和所做的每件事，那又是另一回事。約拿仍然深深地受到偶像的控制。

偶像，思想和感覺

偶像崇拜已經扭曲了約拿的思想。（註110）大部份的人聽到他那番激烈的演說，都會認為他瘋了。約拿怎麼能對神的憐憫、慈愛和耐心感到憤怒呢？這和雅各因著相思病而輕易受騙上當，以及貪婪的撒該背叛自己國家和周遭的人，其實是一樣的道理。

他們全被他們的偶像矇蔽了。

　　一旦某個偶像抓住了你的內心，它就會為成功、失敗、快樂和憂傷編造出一套謬誤的定義，它會根據自身而重新為現實賦予一個新的定義。幾乎每個人都認為，一位滿有慈愛、忍耐和憐憫的全能神是一件好事，但是，當你將關乎自身同胞的權力和地位視為偶像和你的終極利益時，此刻任何妨礙到它的事物，都將被視為有害。所以，當神的慈愛，阻攔他摧毀以色列的敵人時，約拿就因著自己的偶像，被迫把神的慈愛當成是件糟糕的事。因此，偶像到最後會把白的說成黑的、黑的說成白的。（註111）

　　偶像不僅扭曲我們的思想，也扭曲了我們的感覺。

　　　「耶和華說：『你這樣發怒合乎理嗎？』於是約拿出城，坐在城的東邊，在那裡為自己搭了一座棚，坐在棚的蔭下，要看看那城究竟如何。耶和華神安排一棵蓖麻，使其發生高過約拿，影兒遮蓋他的頭，救他脫離苦楚；約拿因這棵蓖麻大大

山寨版的上帝
Counterfeit Gods

> 喜樂。次日黎明，神卻安排一條蟲子咬這蓖麻，
> 以致枯槁。日頭出來的時候，神安排炎熱的東
> 風，日頭曝曬約拿的頭，使她發昏，他就為自己
> 求死，說：我死了比活著還好！神對約拿說：你
> 因這棵蓖麻發怒合乎理嗎？他說：我發怒以至於
> 死，都合乎理！」 約拿書 4：4-9

　　約拿決定離開那個他鄙視的城市，替自己搭了
一個棚子遮陽。他仍然抱著希望，盼望神會後悔祂
的決定，然後毀掉尼尼微城。但是，現在讓神掛念
的卻是約拿，祂安排一種長得很快的蔓藤，一棵「蓖
麻」樹的樹蔭蓋過了他的棚子。這株綠色植物的舒
適，對這位沮喪的先知而言，是個不小的慰藉。不
過，神緊接著在他生命裡帶來另一個新的、卻是小
規模的失望——讓那棵蓖麻樹死掉。在約拿情感的
傷口還未癒合之際，竟發生此般令人失望之事，這
回可就直接把他逼到死角了。他再一次氣到不想活
了！這一次神問他，他的發怒是否合理，約拿回嘴
說：不但合理，而且他「氣到不想活了」。

　　神對約拿這個態度提出質問，但是神沒有說生

氣不對，因為祂自己也經常提到祂對不公不義和邪
惡之事會「強烈憤怒」。只是約拿的怒氣，在此卻
是不合情理也不相稱的。

　　偶像崇拜會扭曲我們的感覺。偶像將美好的事
物變成終極至要的東西，所以因它們所引發的慾望，
往往會使人癱瘓並且無法承受；偶像還會製造錯謬
的信念，例如「如果我達不到那個目標，我的人生
就沒有任何意義」或是「我如果沒有把那件事做好、
我失去了那個東西，我的人生就沒有樂趣可言，再
也沒有人會原諒我。」偶像會把一般平常的失望和
失敗，放大為具有毀滅性的人生經驗。

　　一位名叫瑪麗的年輕女子，曾經是我的會友，
她是個很有成就的音樂家。有很多年的時間，她因
為長年的精神疾病，不斷進出精神病院，但是她允
許我以牧師的身份，和她的心理治療師溝通，好讓
我能隨著病情發展，繼續牧養輔導她。她的諮商師
這麼告訴我：「瑪麗根本是把她父母『對她的肯定』
奉為神明，他們一直希望她成為一名世界級的音樂
家。」然而她已經很傑出了，但是她卻永遠達不到

那個頂尖的位置，於是她無法承受自己讓父母失望。藥物對她的憂鬱症有幫助，卻不能解決根本的問題，她的問題是源自偶像的錯謬信念。她告訴自己：「如果我不能成為一個知名的小提琴家，我就會讓父母失望，人生也會一敗塗地。」她沮喪、內疚到不想活的地步。但是當瑪麗開始相信福音，當她知道單憑相信就能得救，不是因著她的音樂才幹，並且「即使我的父母背棄我，主仍會接納我」時，（詩篇27：10）她開始從那個需要得到父母肯定的偶像崇拜裡得著釋放。終於，她的憂鬱和焦慮開始消退，她重新回到她的生活和音樂工作。

藉由悔改和恢復就能除掉一個合理的罪惡感，但是，還有一種罪惡感是無法治癒的。當人們說：「我知道神赦免我，但是我無法饒恕我自己。」他們其實是在說：他們讓一個偶像失望了，那個偶像的肯定比起神的肯定還重要得多。偶像在我們生命裡所起的作用就像神，因此，如果我們把職業或是父母的肯定當成我們的神，而我們叫他們失望時，偶像便會在我們內心咒詛我們，讓我們一輩子擺脫

不了那種失敗感。

當偶像崇拜進到我們的未來規劃，一旦偶像受到威脅，它就會帶來讓人癱瘓的恐懼和焦慮；若是它跑到我們的過去，而我們讓偶像失望，那就會產生無法治癒的罪惡感；倘若偶像崇拜出現在眼前的生活，而我們使偶像受到阻礙或是被環境隔離，它就會用忿怒和絕望來攪亂我們的心。（註112）

這些東西全都發生在約拿身上。不然為什麼約拿會失去活下去的意志呢？一個人若不是喪失了生命的意義，怎會輕易地失去對生存的渴望？他人生的意義在於：他的國家要得到自由。那原是一個很好的渴望，但卻成為一個至高、絕對的事。因此，亞述國之所以使他忿恨至極的原因就是因為：它成了約拿通往偶像之路的攔阻。而現在，神和祂的憐憫讓約拿充滿憤怒和絕望，因為約拿對以色列未來的企盼，被這位無限全能的主給阻擋了。

真實的約拿

> 「耶和華說：這蓖麻不是你栽種的，也不是你培
> 養的；一夜發生，一夜乾死，你尚且愛惜；何況
> 這尼尼微大城，其中不能分辨左手右手的有十二
> 萬多人，並有許多牲畜，我豈能不愛惜呢？」
> 約拿書 4：10-11

　　神質問約拿一件事：他為自己曬傷而感到懊惱，
竟然甚於他對那些「十多萬不能分辨左手右手的人」
該有的憐憫。他裡面對偶像崇拜的愛、對國家還有
他自己道德的自義，已經完全淹蓋了他對世界其他
城市和國家的憐憫。他心裡在乎的只有他自己的國
家，但是神卻不然。

　　藉著對約拿最後的指示，神在約拿和祂之間做
出了一個強烈的對比。祂吩咐約拿離開他那安舒的
環境，帶著愛去服事一群可能會傷害他的人，起初
約拿根本不去，後來他去了，但是卻沒有憐憫。神
對他的回應是：「你對這座城沒有憐憫，但我有。」
神暗示他，祂會用約拿所拒絕的方式，去愛那座惡
人和暴力之城。

　　這是什麼意思呢？神做了什麼是約拿所沒做的
呢？

　　幾個世紀之後，出現了一個人，並且對祂的聽
眾說出驚人之語，祂便是終極的約拿（馬太福音 12：39-
41）。當耶穌基督來到地上時，祂是離開了終極的安
舒之地，只為了服事一群不是「可能」會，而是一
定會傷祂的人。為了拯救他們，祂要做的不僅僅只
是講道，祂甚至必須為他們喪命；最初的約拿只是
到快死的地步，耶穌卻是真正喪命，並且從死裡復
活。這正是耶穌所說「約拿的神蹟」。（馬太福音 12：
39）

　　我們再從另一個角度來看這位終極版的約
拿——耶穌。在馬可福音第四章中，有關耶穌生平
事蹟中的一項記述，蓄意地喚起這個舊約故事。一
場厲害的風暴發生了，就像約拿當時一樣，耶穌在
風暴中睡覺；也和那些水手們一樣，耶穌的門徒們
驚慌不已，於是叫醒耶穌，告訴祂，他們就要沉船
滅頂了。最後，這兩場風暴，都神蹟似地靜止了，
船上的人也都因為神的大能而得救。

然而，有一點非常的不同，約拿是被拋往暴風雨和大海裡；耶穌卻是在十字架上被丟向那個終極風暴——是我們因著自己的過犯，而應得的一切屬天審判和懲罰。每當我在對抗我的偶像時，我就會想到耶穌，想到祂自願在那個終極風暴中低下祂的頭，為我承擔一切的痛苦。因為祂在那個恐怖風暴裡沉沒，使我不必再害怕我生命的任何風暴，如果祂已經為我付上代價，我便知道我生命的價值、確據和使命，全都在祂裡面；地上的風暴能夠奪走許多事物，但卻不能奪去我的生命。

神向約拿暗示，祂對地上那些偉大卻迷失的城市，懷有一種約拿缺少的愛。而在耶穌基督的福音裡，那真正的約拿則完全成就了神的那份愛。

約拿與我們

約拿書以一個問題作為結尾。神問約拿：「你的愛不能和我一樣嗎？你能不能脫離你的自戀和偶像崇拜，開始為我和其他人而活？」我們期待有一

個答覆，但它沒有出現，因為故事到這裡就結束了。

結局可說是手法高超，又令人大呼過癮。令人過癮的原因是因為，我們不必猜測約拿是否悔改看見亮光。他必定有！怎麼知道的呢？你想，如果約拿沒有告訴其他人，我們怎麼會聽到這個故事呢？而又有哪個人會在講述自己的故事或見證時，「只」讓別人看見自己從頭到尾都是個大壞蛋，除非結局是神的恩典，終於觸及到他的內心深處。

那麼，為什麼神不讓我們看見約拿在這卷書裡的回應呢？這就像是神將一支慈愛訓斥之箭，對準了約拿的心發射，霎那間，不見約拿蹤影，獨留我們在這愛的箭矢軌道之上。接下來，神的問題就直接向我們飛射過來——因為你是約拿、我也是約拿。偶像對我們控制到一個地步，讓我們不再關心那些「不同類」的人，那些住在尼尼微城的人，也許就是我們覺得很不可愛的家人。那麼，我們是否能像約拿一樣，願意改變自己呢？若是，我們就必須倚靠那位終極版的約拿和祂的神蹟，依靠耶穌基督的死和祂的復活。

註解

96. Sheelah Kolhatkar, "Trading Down,"「降格」（暫譯），New York Times（紐約時報），July 5, 2009。

97. 這個誓約刊登在 2009 年六月十日的網路上 mbaoath.org/take-the-oath。

98. "Forswearing Greed"《發誓拋棄貪婪》（暫譯），*The Economist*《經濟學人》，June 6, 2009, p.66。並參考 Leslie Wayne, "A Promise to Be Ethical in an Era of Immorality"「在道德淪亡之秋堅守道德之約」（暫譯），New York Times（紐約時報），May 29, 2009。

99. Andrew Delbanco, *The Real American Dream: A Meditation on Hope*《真正的美國夢：希望的沈思》（暫譯）(Cambridge, Mass.: Harvard University Press, 1999), pp.3, 23。

100. Delbanco, p.5。

101. 「Scoffer」（希伯來文 les），常被譯為「mocker（嘲笑者）」或「scorner（褻慢人）。」這種人物在箴言書中共出現十四次。他的問題出在驕傲和自大（14：6，21：24）。參考 Bruce Waltke, *The Book of Proverbs: Chapters 1-15*《箴言：一至十五章》（暫譯）(Grand Rapids, Mich.: Eerdmans, 2004), p.114。

102. 許多保守派的基督徒和教會對於不信和錯誤提出警誡。這的確

是時常需要做的事，因為箴言 26：28 提到：「諂媚的口敗壞人的
事」，不願批判那些掌權者是對教會具有毀滅性的。但是許多信
徒即使對那些應受到警戒的教導和行為提出警告，所採用的方
式都如箴言裡所描述的褻慢人。

關於這個譴責，有些人解釋原因是起於某些聖經中的演說者和
作者好用反諷手法，若我們翻開列王記上第十八章，仔細閱讀以
利亞和巴力先知們的辯論，或是保羅在哥林多後書第十至十三章
的評論，便知道這個說法無誤。雖然它能有效地表達重點，但是
挪揄嘲弄絕對不是罪人與罪人之間，用來解決爭端的主要方式。

103. 「屬靈恩賜非常棒，但是……它們不屬於內在生命的，不同於恩
典和聖潔……屬靈恩賜有如珍貴的珠寶，人們會佩戴在身上。然
而，內心真實的恩典，乃是一個珍貴的內心，藉此靈魂得以變成
一顆珍貴的寶石……神的靈或許會在很多事物上，有能力的彰
顯，不過祂不和那些事物溝通。神的靈會在水面上運行，卻不會
將自己澆灌在水上。但是，當聖靈藉著祂尋常的工作、賜下救恩，
然後把自己澆灌在那個靈魂上……是的，恩典就是神的靈聖潔
的神性，澆灌在靈魂上。」（暫譯）。內容來自 Jonathan Ed-
wards 之 "Charity and Its Fruits, Sermon Two"「愛
和其果子：講章之二」（暫譯），取自 Paul Ramsey 編輯，謝
秉德譯 《愛德華滋選集第 8 卷：倫理課題 》（香港：基督教文藝，
1995）。

104. 參考 Timothy Keller 著，希望之聲譯 《揮霍的上帝》（希望
之聲，2012）。

105. Kenneth Gergen 列舉出只出現在廿世紀的二十多項心理問
題，新論點強調它們與自我實現的相關性，例如：厭食症、暴
食症、壓力、自信心低落。請參考 Kenneth Gergen 之 The
Saturated Self: Dilemmas of Identity in Contemporary
Life 《極度自我：當代生活中的身份窘境。》（暫譯）(Basic

Books, 1991) p.13。

106. 本書使用的的經文皆引用自新譯本，唯獨這一章，我採用自己對約拿書的翻譯。此譯本中的多處論點借助於以下文獻：

Jack Sasson, *Jonah : A New Translation with Introduction, Commentary, and Interpretation; The Anchor Bible* 《約拿。船錨聖經：新翻譯本含引言、註釋、與解讀》（暫譯）(New York: Doubleday, 1990)。

Phyllis Trible, *Rhetorical Criticism; Context, Method, and the Book of Jonah* 《修辭批評、語境、方法、與約拿書》（暫譯）(Minneapolis: Augsburg Fortress, 1994)。

Young's Literal Translation of the Bible 《楊氏直譯本聖經》。

107. Leslie C. Allen 斷定約拿這種盲目式的愛國主義在我們的印象中，猶如是我們對希特勒生存空間主張的理解一般。Nixon 與 Allen 兩人都認為，讀者會把約拿當成一個極端愛國主義支持者，以致於當他聽到神呼召他向亞述首都尼尼微城的百姓傳講救恩並提出屬靈的警告時，才會如此地震驚。

Allen, *The Books of Joel, Obadiah, Jonah, and Micah* 《約珥書、俄巴底 亞書、約拿書、彌迦書》（暫譯）(Grand Rapids, Mich.: Eerdmans, 1976), p.202 。

Rosemary Nixon, *The Message of Jonah* 《約拿的信息》（暫譯）(Downers Grove, Ill.: InterVarsity Press, 2003), pp.56-58。

108. Richard Lovelace, *The Dynamics of Spiritual Life* 《屬靈生活之運作》（暫譯）(Downers Grove, Ill.: InterVarsity Press, 1982), pp.198, 212。

109. Jonathan Edwards 在他的道德哲學作品 *The Nature of True Virtue* 《真美德之本質》（暫譯）一書中提到，倘若你對自己國家的愛超越了對神的愛，那麼你對其他國家和種族會變得充滿好鬥之心。他指出羅馬人認為愛國是一種最高的情操，但是此番重視卻「被用來摧毀了所有其他人類」。載於 P. Ramsey, ed. "Ethical Writings,"「倫理課題」（暫譯）， Vol. 8 of Works of Jonathan Edwards 《愛德華滋選集第 8 卷》。

110. Halbertal 和 Margalit 對這股勢力提出非常具體的論述，簡言之便是偶像崇拜源於錯誤和心中的假象，不正確的信念導致了偶像崇拜。請參考 *Idolatry* 《偶像崇拜》（暫譯）一書中 "Idolatry and Representation"、"Idolatry as Error"、"The Wrong God" 以及 "The Ethics of Belief" 這四章 (Cambridge: Harvard University Press, 1992)。

111. 按聖經而言，偶像崇拜和思想上的錯誤這兩者之間的關係密不可分，這也幫助我們瞭解第一條和第二條誡命「除了我以外，你不可有別的神」和「不可為自己雕刻偶像。」之間的關係。我們不僅不可敬拜假神，也不可嘗試為真神製造一個具有形體的雕像。為什麼呢？Halbertal 和 Margalit 對這個問題詳細探討之後所得結論是：任何一個試圖為神製作雕像的人，都會落入對神形象的扭曲和削減裡。

　　舉例來說，一幅畫作或許能表現神的威嚴，但它是否能同時呈現出神偉大慈愛的一面呢？任何嘗試為神製造一個形體的人，即使起初的動機是為敬拜這位真神，最終都會產生一種扭曲，因此而產生一個假神。

　　偶像崇拜所強調的重點之一，便是錯誤的教義或神學理論。如果一個人相信的神只有慈愛，沒有公義；或者只有聖潔，沒有憐憫，那麼這個人對於聖經中的神便認識得不夠完整，因此他無非成為了一位拜偶像之人，敬拜一位虛假的神。請參考 Margalit and Halbertal 著作中的第二、四、五、六章。

新約聖經對於神為何禁止我們為祂製作一個具有形體的雕像，提供了解答（出埃及記 33：20），答案就是祂為我們賜下耶穌基督，祂是看不見之神的完整實在的形象（歌羅西書 1：15）。

112. 這段話為 Thomas Oden 的 *Two Worlds* 《兩個世界》（暫譯）第六章，提供了總結。

第七章

假神的結局

普遍存在

十七世紀的一位英國傳道人，大衛‧克拉克森
（David Clarkson）有一篇關於假神的講道，可
說是最精闢透徹的信息之一。（註113）關於偶像崇
拜，他說：「雖然很少人會承認自己拜偶像，但這

卻是普遍存在的現象。」我們如果把靈魂想成一棟房屋，那麼，偶像就存在在每一個房間裡。比起神的智慧、旨意和神的尊榮，我們更偏好自己的智慧、渴望和名聲，克拉克森針對人際關係指出，我們傾向把它變得比神更有影響力、更重要，他說：「許多人甚至把敵人都化為自己的神……當人們威脅到他們的自由、資產或是性命時，他們會苦惱、焦慮、迷失或恐慌。」這比讓神不悅還更吸引他們的注意力。（註114）人心其實是一座龐大的偶像製造工廠。

那麼，我們有任何盼望嗎？有的——只要我們開始瞭解，我們不能只是挪去偶像，必須還要以其他東西來取而代之。如果只是把它們拔除，它們就會再重新長出來，但是我們卻可以用別的來代替它們。用什麼呢？當然是「神的本身」！然而在這裡，我們所談的並非一般的信念：只要單單相信祂的存在。大多數的人都相信有神，可是他們的靈魂卻被偶像搞得千瘡百孔，我們需要的，是真實切身地經歷祂。

我們在第二章所介紹的雅各，他當然相信神，

但是他需要更深的東西才能戰勝奴役他的假神。在
創世記第三十二章他找到了答案，這是聖經中最具
影響力、最奧祕並且充滿戲劇化的故事之一，同時
那也是雅各生命的核心。

返鄉的兄弟

　　雅各逃到一個遠處的異鄉，儘管歷經許多掙
扎，他終究是昌盛了起來。不過，他的舅舅拉班和
他的表兄弟對他既忿恨又嫉妒（創世記 31：1-2），於是
他領悟到：關於鬥爭這件事，他不是選擇離開就是
只能面對，而且這很可能會演變為流血衝突。終於
他決定要返回家鄉　帶著他龐大的家族：兩個妻子，
利亞和拉結，以及所有僕人、羊群和牲畜。

　　創世記的作者對雅各的妻子拉結，作了一個簡
短卻重要的敍述，在她離開的時候，她偷了父親拉
班家中的偶像。（創世記 31：19）她為什麼要那麼做？
這動作有點像是要買一份屬靈的保單。或許拉結是
這樣想的：下次當我碰到麻煩時，耶和華可能會幫

助我，就像祂幫了利亞一樣，可是如果計畫行不通，那至少我還可以向老偶像求救。然而，上帝並不是了我們預防自己生命失敗而附加的一道保護，祂也不是幫助我們達到目標的另一項資源；祂本身就是一個全新的計畫。顯然拉結還沒學到這一點，這個家庭原本是要把神的救恩帶到將來，如今卻出了很大的問題，他們更需要神的恩典。

　　雅各帶著他的整個家族以及財產，踏上了返鄉的旅程。當他離家鄉越來越近時，他接到一個令他擔憂的消息：「我們去找你的哥哥以掃，現在他要來見你，而且帶著四百名隨從一起來。」（創世記 32：6）雅各這輩子最大的恐懼似乎成真了，如果以掃不是要攻擊他，那麼為什麼要帶著軍隊出現？於是，他毫不遲疑地展開了行動，他先求神幫助他，然後安排了為數不小的牲畜作為禮物，還附贈了一些僕人給以掃，接下來，又把家族一分為二，他心想：如果以掃攻擊了第一批的族人，那第二批的人至少還可以爭取到一點逃命的時間。（創世記 32：7-8）當一切都準備妥當，所有人兵分二路按著次序出發前進時，

這一晚，雅各獨自坐在夜空下。

為祝福摔跤

　　在雅各的想法裡，隔天應該會是他人生中的高峰。他這一生都在和以掃角力：打從娘胎裡，以掃和雅各這對雙胞胎就很不安份——「孩子們彼此相爭。」（創世記 25：22）隨著年紀增長，雅各向以掃爭奪父親的寵愛、爭奪家族的榮譽和領導權。沒有什麼能比父親總是偏愛以掃這件事，更傷雅各的心了，到了以撒要祝福以掃的那日，按規矩來說，那是長子應得的祝福，家族資產中的一大部份也將歸給他，但是雅各卻喬裝成以掃，欺騙了他近乎全盲的老父親，一直等到他的父親宣告出他的祝福為止。事一結束，他拔腿就跑，以掃聽到消息後便發誓要殺了雅各，而雅各為了活命只好流亡異鄉。

　　雅各為什麼要竊取以掃的祝福？現代讀者很難理解他的動機，雅各當然知道他的詐騙術隱瞞不了多久，很快就會被發現，而且以撒也絕對不會真

的把家族大半的財產分給他，雅各真正得到的，不過就是儀式上的幾句肯定而已，那為什麼雅各要為了那幾句話而不惜一切呢？我認為，那是因為雅各即使是在不誠實的偽裝下，心中仍然渴望能聽見他的父親對他說：「我喜悅你，勝過這世上所有的東西！」其實，每個人都需要祝福，我們都需要那份獨特的價值並且得到外界的肯定，得着你最愛、最崇敬的人給你關愛，而這遠勝過任何的獎賞。從我們的父母、配偶和同儕身上，每個人都在尋求這種深切的讚賞。

雅各的一生是一段冗長、為了得到祝福而展開的摔跤比賽。他為了從父親口中聽到稱讚而和以掃較勁；拉結的美貌促使他和拉班兩人互耍心機，但是截至目前為止，卻什麼用都沒有。他的內心依然空虛、他依然在苦苦尋求，他和家人的關係依舊充滿衝突——因為他偏愛拉結和她的孩子們，而扭曲了利亞和她孩子們的一生。而這一切在未來，都結成了惡果。

如今，那位攔阻他得到父愛、家產、好運和快

樂的哥哥——以掃，正在路上，他帶著軍隊前來，
而明天將是最後一戰。雅各想在這一晚獨處，好好
為明天盤算一番，這個舉動並不令人感到意外，但
就在那天夜深之際，他意外地被一位獨行俠攻擊，
並且與他搏鬥了數小時。

神祕的陌生人

如此戲劇性的故事，聖經卻一筆帶過。

「只剩下雅各一個人。有一個人來和他摔跤，直
到黎明。那人見自己勝不過他，就將他的大腿
窩摸了一把，雅各的大腿窩正在摔跤的時候就扭
了。那人說：天黎明了，容我去吧！雅各說：你
不給我祝福，我就不容你去。那人說：你名叫什
麼？他說：我名叫雅各。那人說：你的名不要再
叫雅各，要叫以色列；因為你與神與人較力，都
得了勝。雅各問他說：請將你的名告訴我。那人
說：何必問我的名？於是在那裡給雅各祝福。雅
各便給那地方起名叫毗努伊勒，意思說：我面對
面見了神，我的性命仍得保全。日頭剛出來的時
候，雅各經過毗努伊勒，他的大腿就瘸了。故此，

山寨版的上帝
Counterfeit Gods

以色列人不吃大腿窩的筋，直到今日，因為那人
摸了雅各大腿窩的筋。」 創世記 32：24-31

這位神祕人物究竟是誰？說故事的人故意向讀
者隱匿他的身份，卻留下了一些蛛絲馬跡。首先，
誰會強而有力的「摸一把」(25節)？這個「摸」字
的希伯來原文，是很輕微的觸碰或輕拍。角力者只
是用他的手指輕輕碰了雅各的大腿窩，馬上就使他
的腿骨脫臼，並且讓他的一生瘸腿。這很明顯，角
力者其實沒有使出真功夫，才不致於要了雅各的命，
可以想見，此人有非比尋常、超乎常人的能力。

另外，這個人堅持要在黎明之前離開，為什
麼？雅各很清楚，沒有一個人是看到神的面，還能
活命的。(出埃及記33：20)直到雅各回過神來，才明
白角力者是為了保護他，才非要趕在黎明之前離開，
因此雅各才說：「我面對面見了神，我的性命仍得
保全。」這意思很可能是，在黎明破曉之時，在灰
亮的光線中，就在這位來自天上的角力者即將要消
失前，他依稀看見了祂面貌的線條。若是他真在大

白天底下看到神的面容，他恐怕就沒命了。

透過軟弱得勝

雅各突然明白，和他摔跤的是神！當他驚覺到
這一點，看到黎明的太陽漸漸露出地平線，雅各做
了他這輩子做過最驚人的一件事——他不是按著一
般的常理，在當時大聲求救說：「拜託你讓我走！
求求你！我還不想死！」他做了完全相反的事，他
撲上去，緊抓著那個人說：「你不給我祝福，我就
不容你去。」

雅各那一句話的意思其實是這樣：

「我真是個笨蛋！我找了一輩子的東西，現在
就在我眼前——神的祝福！我以前想從我父親那裡
得到肯定，也試過從拉結身上得到滿足，結果我要
的，卻是在祢這裡。現在我絕不會讓祢離開，除非
祢先祝福我；現在，其他東西都不重要了，就算在

這個過程中會喪命,我也豁出去了,因為,如果我沒有祢的祝福,我就真的一無所有,沒有任何東西能夠取代祢。」

結果就如我們所看到的,神「在那裡給雅各祝福。」這真是奇妙且奧祕的字眼。在聖經中,祝福是透過語言來表達的,因此神必然對雅各的內心說了一些話,至於說了什麼?聖經上並沒有交代。是像那從天上發出祝福的聲音,對著雅各那位偉大的後裔說:「你是我的愛子,我喜悅你嗎?」(馬可福音1:11)究竟神說了什麼,我們不得而知,但是這個故事的重點卻是在於:沒有任何東西比神的祝福更加美好。就這樣,雅各離開了,他的背影象徵著一個相信福音的人,雖然他一輩子都要瘸著腿,但是他卻得到了一輩子的滿足。被神降卑,卻被神賦予了勇氣和膽量,這些,都在同一個時間內發生了。

所以雅各贏了!神說:「你與神與人較力,都得了勝。」他得勝是因為,他發現這位神祕角力者的神性後,不但沒有逃跑,反而抓得更緊。雅各終於得到他這一生一直渴望的祝福。不久之後,雅各

遇見以掃和他的那批隨從，發現原來以掃只是來向他問安，歡迎他回家，他這才鬆了口氣。

神的軟弱

　　讀到此處，讀者們可能會對雅各的人生感到困惑。在雅各整齣人生劇場裡，他從來沒有扮演英雄的角色，他也不是個品格模範生；相反的，他的表現總是非常愚昧、不光明正大，甚至邪惡，他完全不是一個配得神祝福的人。如果神是聖潔且公義的，那祂為什麼要對雅各那麼仁慈？為什麼神要假裝軟弱不殺他，而且向雅各暗示了祂的身份，最終甚至還給了他祝福？難道就只是因為雅各一直緊抓著祂不放嗎？

　　聖經在後面回答了我們的疑問。當主耶穌再一次以人的模樣出現時，在那天色依然晦暗之時，神假裝軟弱，為要保雅各一命；同樣的，在各各他山上的黑暗時分，祂取了人的樣式，成為完全的軟弱，

為的是要救我們的性命。雅各冒著生命危險緊抓住
神，是為了得到祝福；當主耶穌面對十字架時，祂
雖然可以選擇別條道路，但卻仍舊順服地緊抓住神，
直到付上了生命的代價，這同樣也是為了祝福，但
不是為祂自己，乃是為了我們。

> 「基督既為我們受了咒詛，就贖出我們脫離律法
> 的咒詛……這便叫亞伯拉罕的福，因基督耶穌
> 可以臨到外邦人，使我們因信得著所應許的聖
> 靈。」 加拉太書 3：13-14

為什麼雅各離神這麼近，卻還能夠活命？那是
因為耶穌取了軟弱的樣式，死在十字架上，為我們
的罪付了代價。神那應許給亞伯拉罕的祝福：「因
基督耶穌可以臨到……使我們因信得著所應許的聖
靈。」什麼是「所應許的聖靈」？在加拉太書後面，
保羅寫到「神就差他兒子的靈進入你們的心，呼叫：
阿爸！父！」（加拉太書4：6）。「阿爸」是亞蘭文
中對「父親」的暱稱，大致上可譯為「爸爸」。這
個詞是小孩對父親的愛有十足信任和確據時所呼喚

的。保羅要說的是，如果你真的相信福音，就該相信聖靈會把神的愛和祝福，化成真實存在的現實，並且存在你的內心。

你在內心深處，是否曾聽過神的祝福？「你是我的愛子，我所喜悅的」這幾個字，能否讓你感受到那無窮的喜樂與力量的泉源？你是否經歷過神藉著聖靈所對你說的那些話呢？那個在基督裡、透過聖靈給我們的祝福，就是雅各當年所領受的，也是對付偶像崇拜的唯一方法，只有那個祝福才能叫偶像成為渣滓。如同雅各，我們通常也是在「踏破鐵鞋無覓處」之後，才會發現這個祝福；我們往往要經歷軟弱甚至癱瘓，才能在最後一刻找到它，所以那些最蒙神祝福的人，會一邊跛著腳、一邊歡喜跳舞歡呼、讚美祂。

> 「因神的愚拙總比人智慧，神的軟弱總比人強壯。」 哥林多前書 1：25

註解

113. David Clarkson, "Soul Idolatry Excludes Men from Heaven,"「屬靈偶像使人與神隔絕。」(暫譯)，*The Practical Works of David Clarkson, Volume II* 《大衛·克拉克森的作品，第二卷》(暫譯) (Edinburgh: James Nichol, 1865), pp.299ff.

114. Clarkson, p.311。

終曲

找出並取代
你的偶像

辨別偶像的重要性

　　如果你不去分辨，影響你內心或文化的假神，就不可能認識自己的內心或是文化。在羅馬書第一章 21-25 節，聖徒保羅指出，偶像崇拜不是諸多罪惡中的一項，它乃是人心最根本的問題。

山寨版的上帝
Counterfeit Gods

> 「因為，他們雖然知道神，卻不當作神榮耀他，
> 也不感謝他……他們將神的真實變為虛謊，去敬
> 拜事奉受造之物，不敬奉那造物的主。」羅馬書
> *1：21、25*

保羅接著寫下一長串造成世上許多不幸與邪惡的罪，但是，它們全都來自同一個根源，就是人類無法改變「造神」的慾望。（註115）換句話說，偶像崇拜一直都是我們之所以犯錯的原因。針對這一點，沒有人比馬丁‧路德有更精闢的見解，在《教理問答》（1529 年）和《暫譯：論善功》裡，他寫到十誡的第一條誡命就是：禁止偶像崇拜。為什麼這是第一條誡命？馬丁‧路德表示，一切破壞律法的根本動機，都是來自偶像崇拜。（註116）我們在犯其他誡命時，一定都先犯了第一條。為什麼我們不能愛人，不能信守承諾、不能過無私的生活？當然，最普通的答案會是：「我們都很軟弱，都是罪人。」但是在每個實際狀況的背後，都有一個具體的答案，就是有一個你認 必須擁有才會快樂的東西，而它在

你內心的位置，比神還重要，如果我們的心看重神
的恩典和恩寵，而不是看重人的肯定、名譽、控制
人的權力以及財務優勢等等，我們就不至於說謊。
改變的秘訣就在於：辨認出你心中的假神，然後拆
除它。（註 117）

　　若無法分辨一個文化中所存在的偶像，就不可
能真正認識那個文化。霍柏托（Halbertal）和馬
格里（Margalit）這兩位猶太哲學家都清楚地指出，
偶像崇拜絕非只是一種膜拜儀式，它乃是把整個感
知與生活模式都架構在有限的價值上，同時把受造
物塑造成如神一般地完全、絕對。所以聖經教導我
們，離棄偶像的同時，一定也要拒絕那些因偶像而
產出的文化，神告誡以色列民不僅要拒絕其他國家
的神明，也「不可效法他們的行為」（*出埃及記 23：
24*）。如果不去評斷一個文化，就不能對抗它的偶像；
若是不去辨認與挑戰偶像，那就無法剖析質疑一個
文化。（註 118）

　　有一個很好的範例，是使徒保羅在雅典（*使徒行
傳 17 章*）和以弗所（*使徒行傳 19 章*）的那兩場演講。保

羅挑戰以弗所城的偶像，（*使徒行傳 19：26*）結果讓整批初信者改變了他們的消費模式，導致當地經濟受到衝擊，甚至還讓當地的商人發起一場不小的暴動。當代觀察家常常指出，現代的基督徒其實和一般人沒有什麼兩樣，都很物質主義；這是不是因為我們所傳講的福音不像使徒保羅所傳的，我們並沒有揭露那藏在文化中的假神呢？

分辨偶像

這個問題並不是在於你有沒有足以與神匹敵的偶像，我認為我們都有，它們正藏在每個人的心裡。（註119）我想問的是：我們要怎麼對付它們？我們要如何增強自己的分辨力，而不是一直待在它們的操控之下？我們該如何從偶像中解脫，以致我們能為自己和身邊的人，做出健全而成熟的決定以及智慧的選擇？要怎麼做，才能找出我們的偶像？

一種方式是檢視我們的想像力。樞機主教威廉・甸普（William Temple）曾說：「你的宗

教就是你獨處的時候怎麼生活。」（註120）換句話
說，你內心真正的神，就是在你無需留意任何事物
時，心思自然嚮往的東西。你最喜歡做的白日夢是
什麼？當你無事可想時，什麼東西會出現在你的腦
海？你是否會想像前途發展的可能局面？或是物質
的東西，例如，夢想中的房子？或者是和某個對象
交往？做一、兩個白日夢並不足以構成偶像崇拜的
徵兆。真正要問的是，私下的你慣常藉由哪些事物
來得到快樂和慰藉？

　　另一種辨別你內心真正愛慕之物的方法，是看
你如何使用金錢。耶穌說：「你的財寶在哪裡，你
的心也在那裡。」（馬太福音6：21）你不假思索就花錢
的東西，就是你內心最愛的事物。事實上，偶像的
一個記號就是：你在它身上花了太多的錢，甚至必
須經常克制自己。如同聖徒保羅所寫，如果神和祂
的恩典是你在這世上最熱愛的，那麼你奉獻給事工、
慈善機構和貧困者的金額，必定非常驚人。（哥林多
後書8：7-9）然而我們多數的人，大多過度花費在置裝
費或是我們的兒女以及象徵地位的東西上，例如：

房子、車子等等。我們的消費模式顯露了我們心中的偶像。

分辨偶像的第三種方式，運用在那些自稱信神的人身上最有效。你或許固定去一個地方敬拜，你可能有一套完整且虔敬的教義信念，你也可能非常努力想要相信、順服神。不過，什麼才是在你日常的生活中，能具體拯救你的東西？你究竟是為什麼而活？什麼是你真正的神，而不是你口裡所宣稱的神呢？一個很好的察驗方法，就是去觀察你是如何面對沒有蒙應允的禱告，以及被挫敗的盼望。假設你想要一件東西，當沒有得到時，你可能會傷心、失望，但是你會繼續過你的日子，你也許會說：嘿！人生還沒結束，這表示那些不是你生命中的掌舵者；如果你今天為了某件事物又禱告、又努力，但是沒有得到時你怒不可遏，或是陷入絕望，這時候，你心中真正的神就露面了！就像約拿一樣，你會氣到不想活了。

最後一個檢測方式則適用在每個人身上。觀察一下什麼會使你最控制不了情緒。（註121）如同漁夫

知道，海水攪動之處就是魚群出沒的地方，那就往你最傷痛的情緒裡，去挖出你的偶像來，尤其是那些總是揮之不去、驅使你去做不該做的事物。如果你很氣憤，就問自己：「在這件事上是不是有我太過看重的東西，有我不顧一切都必須得到的事物？」同樣的檢測也適用於強烈的恐懼、絕望或是罪惡感。比如問問你自己：「我這麼害怕，是因為我生命中有個東西現在受到威脅，那個東西我以為我非要擁有不可，但是事實卻不是如此？我如此消沈，是因為我失去了某個東西，或是在某件事上我失敗了，而我以為那個東西不可或缺，但是實際上並非如此？」如果你工作過度、埋首苦幹、發狂似地不停做事，就要問問自己：「我是否覺得『必須』擁有這個東西才會滿意，才會覺得自命不凡？」當你提出這些問題，當你「從根處拔出你的情緒」時，往往就會找到攀附其上的偶像。

大衛・鮑力森（David Powlison）寫道：

「神對人心所提出最基本的問題是：有什麼人事物，是除了耶穌基督以外，已經獲取了你的信任、

關注、忠誠、事奉、恐懼和喜悅？……好的發問會
讓一些偶像體系浮出表面。例如，你想從誰或何物
找到維繫人生的安定、保障與接納呢？……你『這
一生』最想要的、最期待的是什麼？什麼事物能讓
你『真的』開心呢？什麼事物會讓人接納你？你從
哪些地方尋找權力和成功？諸如此類的問題，都可
以找出我們事奉的是神或是偶像；我們到底是從基
督還是從虛假的救主裡尋求救恩。」（註122）

取代偶像

在保羅寫給歌羅西教會的書信裡，他勸勉他們
要「治死」心中的惡慾，包括「貪婪，就與拜偶像
一樣」（歌羅西書 3：5）。但要怎麼做？

保羅在前面的經節裡明白寫道：

> 「所以，你們若真與基督一同復活，就當求在上
> 面的事；那裡有基督坐在神的右邊。你們要思
> 念上面的事，不要思念地上的事。因為你們已經

*死了，你們的生命與基督一同藏在神裡面。基督
是我們的生命，他顯現的時候，你們也要與他一
同顯現在榮耀裡。所以，要治死你們在地上的肢
體，就如淫亂、污穢、邪情、惡慾，和貪婪，貪
婪就與拜偶像一樣。」　歌羅西書3：1-5*

　　偶像崇拜不只是不能順服神，而是把整個心都
設定在神以外的事物上。為你心中有偶像而悔改認
罪，或是用意志力試圖改變生活模式，這些都不能
根治偶像崇拜。這兩件事對於離棄偶像是最基本的，
然而要做的還有更多：「要思念上面的事」因為「你
們的生命與基督一同藏在神裡。」（歌羅西書3：1-3）
這意思是指，要因耶穌為你成就的事：感恩、歡喜
並安息在其中，它會伴隨著歡喜的敬拜，以及在禱
告中感受到神真實的存在。在你的腦袋裡，耶穌必
須比偶像更美好，在你的心目中，耶穌必須比偶像
更有吸引力，這才是真正能夠取代假神的方式。如
果你拔除了偶像，卻沒有在那個空缺上「栽種」基
督的愛，那麼原先的偶像很快就會捲土重來。

　　歡喜快樂與悔改，兩者缺一不可。只有悔改沒

有歡喜，會落入絕望；光是歡喜卻無悔改，則極為膚淺，因為只有一時的感動，而沒有深切的改變。確實，唯有當我們因著耶穌那犧牲的愛而大大歡欣時，我們才反而會對自己的罪，有最真實的認知。當我們出於害怕後果而悔改時，那並不是對罪真正的懺悔，而是為了自惜。出於恐懼的悔改（我最好改變，免得神懲罰我）其實是自憐，在恐懼的悔改中，我們不會學到厭惡、痛恨罪惡，而罪也不會因此而失去了吸引力，我們學會的只是忍住不犯罪。但是，一旦我們因神為我們所付出犧牲、受苦的愛而歡欣快樂，就是看到祂為了救贖我們脫離罪惡，付出的是何等代價時，我們才真的能學會厭恨罪惡的本身，因 我們看見罪惡讓神所付上的代價，那最能向我們確保神的無條件之愛（耶穌昂貴的死亡），也最能教導我們對罪的邪惡有深刻的認知。出於恐懼的悔改會讓我們痛恨自己；出於喜樂的悔改則使我們痛恨罪惡。

再者，在基督裡歡欣很重要，因為偶像幾乎都是「好的」事物，如果我們已經讓工作和家庭成為

我們的偶像，我們要做的不是去停止愛我們的工作
和家庭，而是我們要「更深刻地」愛著基督，以致
我們不會被生活中的牽掛所轄制。聖經裡所提的「歡
欣快樂」，是比為某件事開心還要深切得多，保羅
教我們要「靠主常常喜樂」（*腓立比書4：4*），指的顯
然不是「天天開心」，因為沒有人可以命令一個人
永遠保持在一種特定的情緒。所謂歡欣快樂，是你
珍惜一個東西、瞭解它對你的價值、反覆思量它的
美麗和重要性，直到你的心在它裡面得到安息，並
且嚐到它甜美的滋味。「歡欣快樂」是一種讚美神
的方式，直到人心被甘甜滋味浸透，找到安息，並
且放下每一個先前抓住以為是必需的東西。

把福音做成錄影

　　亨利和凱文兩人各自都因為老闆的不公而同時
丟了工作，於是他們來找我諮商大約一年的時間。
亨利饒恕他的老闆，繼續前進，一切都很順利；但
是凱文不甘心，他停留在苦毒和憤世嫉俗的情緒，

從而影響了他職涯的道路。有些人試圖幫凱文處理他的情緒問題，可是人們越對凱文表示同情，他就越覺得他的憤怒情有可原，也就更加自憐自艾；另一些人則是試著單刀直入，處理他的意志部份（忘掉過去，向前繼續），但是也行不通。福音的方式則完全不同，它既不直接處理情緒，也不直接處理意志。福音問的是：「那頂替耶穌基督，對你發出救贖與救主功效的具體東西是什麼？」你想藉著什麼使自己稱義？無論那是什麼，它都是一個假冒的神；而你的生命要有所改變，就必須認清那個東西，並且拒絕它。

凱文想從工作中證明自己，所以當工作出了狀況，他就覺得自己被咒詛。因為他的根基垮了，以致於他整個人完全癱瘓。直到有一天，他看到自己已經把工作當成個人的救贖，他才有了突破。他要做的不僅是饒恕他的老闆，他真正的問題是：在耶穌基督以外，有別的東西佔了救主的位置。在你那些放縱、失控的問題中，或是你的渴望、習性、態度和情緒的背後，一定有某個東西在掌控著，除非

你先把它找出來，否則你無法享有真正的人生和平安。

凱文瞭解到，雖然他理論上相信神用無價的恩典愛他，然而那個理論並沒有擄獲他的心和他的意願，老闆對他所說的言語，比宇宙主宰所說的更加真實地影響他。在家中，你可能會邊聽音樂邊做事，但是如果坐下來專心觀賞一個影音節目，那個效果必定會更強烈，因為它充滿了你的視覺感官；同樣的，你可能在理性上知道基督的愛，但是你的心卻不知道，就如同凱文一樣。那要怎麼解決這個問題呢？我們要如何把福音真理「放到光碟裡」好讓它能在我們的生命裡播放，以致於能夠塑造我們所有的感覺和行為呢？

這需要的是「屬靈的紀律」，例如：個人的禱告生活、團體敬拜、和默想。（註123）紀律／訓練就是在我們內心和認知中，把理性的知識塑造成生命的事實。屬靈紀律基本上是「敬拜」的形態，而用敬拜本身，最終才能取代你心中的偶像；光憑知識找出你的偶像，不足以釋放你，你必須真實地獲得耶穌賜給你的平安，而那唯有在你敬拜時才會發

生。解剖分析能幫助你發現真理，但接下來，你需要把那些真理「禱告到你心裡」，而那是需要時間的。這是一個牽涉很廣的過程，我無法在這本書中詳述。

要有耐心

我相信這個過程會持續在我們的一生之中。賓州西部於一九六〇至七〇年代建造七十九號州際公路，我的內人凱西從她在匹茲堡的家出發，無論是到賓州彌第維市的大學，或是到她家族在伊利湖畔的度假屋，都經常在這條公路上開車。但是多年以來，那條公路上有一個地點一直沒有整修好，那裡有一灘惡劣的沼澤地。不只一次，建築工人把推土機停在那看似堅實的地面上，可是停了一晚，隔天早上就發現推土機沉下去了，他們多次嘗試打樁，想要找到基岩，可是屢試屢敗，樁子消失得無影無蹤。

我們的心就如同那灘沼澤。我們以為已經學到恩典的真理，以為我們已經把偶像放到一邊，然後以為我們服事神不是對祂有所求，乃是單單為了祂。但是我們這一生會多次發現，原本以為已經碰到內心底部了，卻沒想到還有更深的一層。成熟的基督徒不是已經完全觸底的人，我認為在此生是沒有人能做得到的，確切地說，成熟的基督徒是一些知道要如何不斷往下挖，並且越來越接近底部的人。

約翰·牛頓（John Newton）這位偉大的牧師與聖詩作者，曾寫下這段掙扎：

「若你允許我分享我的經歷，我發現要單單專注在基督身上，以祂為我的平安和生命，是我蒙召中最艱難的部份……我們的老我毫無懈怠地，且千方百計要充當公義和權力的準則；比起在外表行為上摒棄自己千萬次，杜絕他這樣的出任似乎要困難得多。」（註124）

凡是體認牛頓所指的那種差異——即是明白了在外表行為上遵循規定，和在心中把基督當作你的平安與生命之間落差，這樣的人，就是在通往脫離

山寨版的上帝
Counterfeit Gods

假神掌控的自由大道上了。

註解

115. 羅馬書 1：21-25，評註家 Douglas Moo 寫道：「〔保羅〕如典範般的描述，說明了所有人共通的一個可怕癖好，就是藉著製造出他們自己的神像，腐化了他們原本對神的認識。這個悲慘的『造神』過程，急速地在我們的時代中持續……因此，24-31 節透露，那個不斷折磨人類的罪，它整個可怕的防護原來發自這種偶像崇拜。」

Douglas J. Moo 著，陳志文譯 《羅馬書》（美國麥種傳道會，2012116.「凡是不能隨時隨地信靠神，也不在他們的工作或患難中。）

116. 生命與死亡之事，信靠祂的恩惠、恩典和良善，反倒在其他事物或自己身上尋求祂的恩惠，即使是遵行所有其他的誡命，甚至做了聖徒們所能做的各樣事情，如禱告、順服、忍耐和貞潔，就是沒有遵守第一條誡命，並且真正犯了偶像崇拜的罪。因為若沒有遵行最首要的誡命，所有其它行為都是枉然，都是欺騙、賣弄、佯裝，沒有任何立足點……如果我們懷疑或不相信神滿有恩典，並且喜悅我們，或者如果我們以為只有透過我們的努力和事奉才能討祂喜悅，那就是一種欺騙行為，外表看似尊榮神，但在內心裡卻把自己建構成一位虛假的救主……」

節 錄 自 Martin Luther 之 *Treatise Concerning Good Works (1520)* 《論善功（1520）》(暫譯), Parts X, XI 。

117. 馬丁·路德不是唯一一位看出一切罪背後所隱藏的是偶像崇拜的偉大神學家，聖徒奧古斯丁寫道：「當我們為了最膚淺的物質

發出無節制的頌禱時，其實就已經犯了罪，我們拋棄了至高、無上之物，那便是你——我們的主，我們的神，以及你的真理和律法。」John K. Ryan 編，徐玉芹譯 《懺悔錄》(台北：志文出版社，1985)。

同時請參考 John Calvin, *Institutes of the Christian Religion* 《基督教要義》, ed. J. T. McNeil (Westminster, 1961) I. II. 8 與 3.3.12。

Jonathan Edwards 在關於倫理道德的偉大著作 *The Nature of True Virtue* 《真正的美德的性質》(暫譯)中，認定偶像崇拜，是無法以崇高的愛來愛神，也就是為何人類無法活出美德德性生命的根源。

118. M. Halbertal and A. Margalit 的 *Idolatry* 《偶像崇拜》(暫譯)(Cambridge, Mass.: Harvard, 1992), p.6 中提到：「[共同的]價值觀，源自於一些固定視覺感官認知的聯想，在人們心中形成一個特定、共享的情感……誡命裡所說的『你們不當跟從他們的行為』意指拒絕偶像崇拜文化的生活形態，因為此文化乃是生活方式、崇拜習慣與信仰所相互交織出的綜合體……偶像崇拜的類別包含批判發展出偶像崇拜的文化。」

119. 以下是偶像的簡易分類表。此份列表或許能幫助我們從廣義的角度認識偶像崇拜，以期更確切地明白我們自身的偶像：

神學的偶像：錯誤的教義所導致對神產生扭曲的觀點，以致於我們最後所崇拜的神變質為一位假神。

性愛偶像：迷戀色情或戀物等上癮行為。它們答應卻無法兌現能給予親密關係與接納的承諾；對自己或伴侶在外在美貌上有過度理想化期望；浪漫的理想主義。

奇幻/儀式的偶像：巫術和神秘之事。所有偶像崇拜最終都是一種魔幻的形態，追求的是 反抗那個超越宇

宙現實的秩序，不願臣服於愛和智慧的秩序
之下。

政治／經濟偶像：左派、右派和自由派等，將某些政治次序的觀
點絕對化，並且變成唯一解答的意識形態。例
如，把自由市場神性化或邪靈化。

種族／國家偶像：因為種族歧視、軍事主義、國家主義或人種驕
傲種族優越感等所產生的苦毒或壓制。

關係的偶像：喪失家庭功能的寄生家庭體系；「致命的吸引力」；
期望透過你的兒女，活出自己的人生。

宗教偶像：道德主義和律法主義；成功與恩賜的偶像；宗教成為
濫用權力的藉口。

哲學偶像：將某一些受造物當成生命問題發生的主因（而非罪），
並且將人類的某些產物或組織當成問題的解答（而
非神的恩典）的各種思想體系。

文化偶像的激進個人主義：如同西方世界，為了追求個人享樂而
犧牲團體利益，或是犧牲個人權利為
的只求求家族和黨派的利益等類的
偶像化之行為。

深層偶像：具目的性的慾望和性格所形成的一種絕對。

一、權力偶像崇拜：「人生唯一的意義／我的唯一價值在於，我
是否擁有權力影響其他人。」

二、認同偶像崇拜：「人生唯一的意義／我的唯一價值在於，我
是否能得到 ＿＿＿＿＿＿＿＿＿＿ 的愛戴和尊敬。

三、慰藉偶像崇拜：「人生唯一的意義／我的唯一價值在於，我
是否能擁有某種快樂的經歷，或某種特定的生活品質。」

四、控制偶像崇拜:「人生唯一的意義／我的唯一價值在於,我是否能掌控人生的 _____ 部份。」

120. 這個說詞被樞機主教廣泛使用,但我至今仍無法確定或找出字源出處,很可能是原話的重述版。

121. 就聖經而言,所有崇拜偶像的人都轉向假冒之神,為想要得到更多自由和掌控性,但是,最終結果是得到更少的自由和掌控性,反而變成另一種奴役形態。我們以為不追求真神,藉著追求性、金錢和權勢,才會得到自由,最終反而成了這些事物的奴隸。耶利米書第二章和以西結書第十六章都用婚姻來說明偶像崇拜,當我們為了別的愛人離開我們真正的配偶時,我們會在屬靈上落入一種性愛成癮的光景。

「你倒說,這是枉然!『我喜愛別神,我必追求他們!』」(耶利米書 2:25)

「誰知你在各高崗上,各青翠樹下仍屈身行淫。」(耶利米書 2:20)。

122. David Powlison, "Idol of the Heart and Vanity Fair,"「心的偶像與『浮華市集』」*The Journal of Biblical Counseling* 《聖經輔導期刊》, Volume 13, Number 2 (Winter 1995)。

123. Kenneth Boa 的 *Conformed to His Image* 《合乎祂的形象》(暫譯) (Grand Rapids, Mich.: Zondervan, 2001) 是一本很好的初學書籍。

有關屬靈紀律的重要入門書是 Edmund P. Clowney 著,蘇文峰／王仁芬芳合譯 《基督徒默想》 (天道書樓,1983)。

Clowney 將東方神秘主義和保守派基督教中的默想技巧做出非常重要的區隔。

124. John Newton, *Works of John Newton, Volume VI* 《約
翰·牛頓的作品，第六卷》（暫譯）(Edinburgh, UK, and
Carlisle, Pa.: Banner of Truth reprint), p.45。

參考書目

Barton, Stephen C., ed. *Idolatry: False Worship in the Bible, Early Judaism, and Christianity.* London and New York: Tand T Clark, 2007.

Beale, G. K. *We Become What We Worship: A Biblical Theology of Idolatry.* Downers Grove, Ill.: InterVarsity Press, 2008.

Benson, Bruce Ellis. *Graven Ideologies: Nietzsche, Derrida, and Marion on Modern Idolatry.* Downers Grove, Ill.: InterVarsity Press, 2002.

Bobick, Michael W. From *Slavery to Sonship: A Biblical Psychology for Pastoral Counseling.* Unpublished D. Min. dissertation, Westminster Theological Seminary, 1989.

Clarkson, David. "Soul Idolatry Excludes Men from Heaven," in *The Practical Works of David Clarkson,* Volume II. Edinburgh: James Nichol, 1865, pp. 299ff.

Halbertal, Moshe and Avishai Margalit, *Idolatry.* Cambridge, Mass.: Harvard University Press, 1992.

Keyes, Richard. "The Idol Factory," in Os Guinness
and John Seel, eds., *No God But God: Breaking with the
Idols of Our Age.* Chicago: Moody Press, 1992.

Lints, Richard. "Imaging and Idolatry: The Sociality
of Personhood in the Canon," in Lints, Michael Horton,
and Mark Talbot, eds., *Personal Identity in Theological
Perspective.* Grand Rapids, Mich.: Eerdmans, 2006.

Luther, Martin. *Larger Catechism* with study questions
by F. Samuel Janzow. Saint Louis: Concordia, 1978.

Meadors, Edward P. *Idolatry and the Hardening of the
Heart: A Study in Biblical Theology.* London and New
York: T and T Clark, 2006.

Niebuhr, Reinhold. "Man as Sinner," in *The Nature
and Destiny of Man,* Volume 1, Human Nature. New
York: Scribner, 1964.

Nietzsche, Friedrich. *The Twilight of the Idols and The
Anti -Christ,* translated by R. J. Hollingdale. New York:
Penguin,1990.

Oden, Thomas C. *Two Worlds: Notes on the Death of Mo-
dernity in America and Russia.* Downers Grove, Ill.: In-
terVarsity Press, 1992.

Oden, Thomas C. "No Other Gods" in Carl Braaten,

Christopher Seitz, eds., *I Am The Lord Your God: Christian Reflections on the Ten Commandments*. Grand Rapids, Mich.: Eerdmans, 2005.

Ramachandra, Vinoth. *Gods That Fail: Modern Idolatry and Christian Mission*. Downers Grove, Ill.: InterVarsity Press, 1996.

Rosner, Brian S. *Greed as Idolatry: The Origin and Meaning of a Pauline Metaphor*. Grand Rapids, Mich.: Eerdmans, 2007.

Westphal, Merold. *Suspicion and Faith: The Religious Uses of Modern Atheism*. Bronx, N.Y.: Fordham University Press, 1999.

Bob Goudzwaard 著,林德明、角聲翻譯小組合譯 《時代的偶像》(香港角聲出版,1988)。

Friedrich Niezsche 著,田立年譯 《曙光》(灕江出版社,2000)。

Powlison, David 著,「心的偶像與『浮華市集』」,原載《聖經輔導期刊》1995,第 13 卷第 2 期。

致 謝

再一次感謝吉兒·拉瑪、大衛·麥康米克，以及布萊恩·塔特，這一組夢幻文字團隊，在寫作上不斷地激發、鼓勵我。同時也謝謝珍妮絲·華斯和琳恩·蓮得，使我得以在忙碌的夏天中，仍然能夠抽空寫作。

此書所談論的是我們的文化，此乃是我這般年紀的人經常漠視以致於缺乏了解的事。我相當慶幸有三個兒子：大衛、麥克和強納森，之所以慶幸的理由多過於我所能數算的。然而與本書最具有直接關聯的，是他們的睿智，對所處世界裡的偶像敏銳觀察，以及願意與我深且分享之心。

兒子們，謝謝你們陪我散步、與我吃飯，甚至只是單單陪伴我。我尊重已經成長為熱愛這個城市並且為人正直的你們。

　　由衷感謝凱西在過去寫書的數個月裡，在書尚
未成形的年日中與我一同勞苦，就如同約翰·牛頓
寫給妻子波莉的感謝詞，我必須對凱西說，無庸置
疑地，是如此長的歲月，如此深的愛，如此重的責
任，造就了這般不凡的成果，然而日子久了就成為
習慣，以致於讓我著實不知沒有妳的日子該如何生
活。

提摩太·凱勒

國家圖書館出版品預行編目 (CIP) 資料

山寨版的上帝/ 提摩太·凱勒(Timothy Keller) 著；
李正宜、廖恩淑 譯. -- 一版. -- 新北市：希望之聲文化, 民
102.10
　面；　公分
譯自：Counterfeit gods : the empty promises of money, sex, and power, and the only hope that matters
ISBN　978-986-86825-9-7(精裝)
1.基督教 2.信仰 3.基督徒
242.42　　　　　　　　　　　103002970

山寨版的上帝

作者：提摩太·凱勒 (Timothy Keller)
譯者：李正宜、廖恩淑
外文編審：陳德全
文字編輯：黃涵妮
出版發行：希望之聲文化有限公司
地址：110台北市信義區信義路5段7號52樓C室
電話：(02) 8101-2180分機109
傳真：(02) 8101-2190
E-mail：charlotte0077_38@hotmail.com
定價：NT 300

出版日期：中華民國102年10月，一版一刷
　　　　　中華民國103年 3月，一版二刷
再版年份：20 19 18 17
再版刷次：15 14 13 12 11 10 09 08 07 06
ISBN： 978-986-86825-9-7

Copyright @2009 by Timothy Keller
This edition arranged with McCormick & Williams
through Andrew Nurnberg Associates International Limited
Published by Voice Of Hope Publishing Company
Address：Rm. C, 52F., No.7, Sec. 5, Xinyi Rd., Xinyi Dist., Taipei City 110, Taiwan (R.O.C.)
Chinese edition published by permission of the publisher